Entre esferas y atmósferas. La arquitectura como interfaz

Stefano Corbo

Este libro se ha impreso sobre papel
procedente de fuentes responsables,
certificado por el *Forest Stewardship
Council*®.

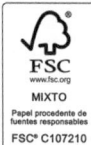

© del texto Stefano Corbo
© de las imágenes sus autores

© de la edición
© Ediciones Asimétricas, 2024
www.edicionesasimetricas.com

Diseño de colección
Toni Cabré

Maquetación
Paula Sagristá Hernández
Emi Ramírez

ISBN
978-84-10065-14-7
Depósito Legal
M-4111-2024

Impresión
Estilo Estugraf Impresores

Impreso en España
Printed in Spain

Índice

A los profesores, amigos y compañeros con los que tuve el placer de debatir estos temas durante mis estudios en Madrid.

Introducción

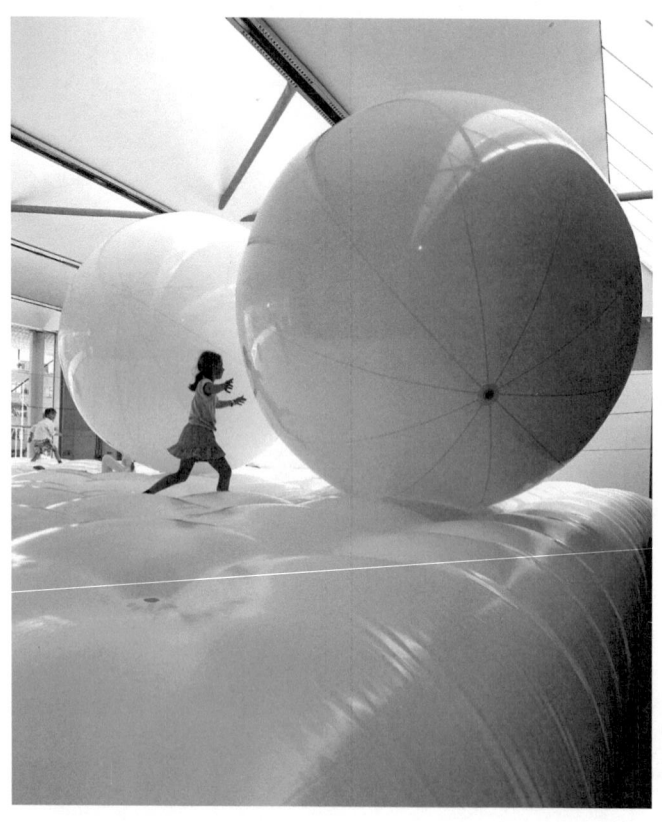

[1] Haus-Rucker-Co, *Giant Billiard*, 1970.
Exposición *Mind Expanders. Haus-Rucker-Co* en
Kunsthal, Rotterdam, Países Bajos, 2023.

En las últimas tres décadas una heterogénea conste-
lación de fenómenos arquitectónicos ha ido surgiendo: *data-scapes, landform buildings,* arquitecturas atmosféricas, vastos interiores y otros. A pesar de sus
diferencias formales y conceptuales, esos episodios
comparten un denominador común: son el producto de una nueva condición disciplinar que se puede
resumir en la transición desde una idea de arquitectura como objeto, esencialmente autónomo y abs-
tracto, hacia una idea de arquitectura que indica un
entorno dinámico e interrelacionado, caracterizado
por configuraciones abiertas, fluidas, ambiguas, estratificadas. Este cambio produce nuevas soluciones
espacio-formales y nuevas estrategias operativas.
Ciudad, paisaje y territorio pueden combinarse en
estructuras híbridas, en las que la separación entre
categorías tradicionales (interior vs. exterior, público vs. privado) se hace cada vez más borrosa. Los
nuevos dispositivos arquitectónicos construyen o
reconstruyen el contexto, modelan terrenos artificiales, definen atmósferas y esferas de convivencia.
La ciudad deja de ser el soporte-fondo para el desarrollo de objetos arquitectónicos; al revés, la arquitectura misma adquiere un carácter urbano o terri-
torial. Espacios, entornos, lugares, eventos, flujos:

11

todos estos son procesados e interiorizados en una estructura compleja.

Más allá de resultar manifestaciones sintomáticas de un cambio de paradigma, esas arquitecturas comparten otro aspecto fundamental: su condición de *interfaz*; con este término se entiende el conjunto de medios, dispositivos o agentes que permiten una interacción efectiva con unos cuantos datos. La arquitectura como *interfaz* se presenta por lo tanto como un medio que permite al usuario relacionarse e intercambiar informaciones/estímulos con la realidad: con la ciudad, con los edificios, con los espacios interiores.

Investigar la idea de arquitectura como *interfaz* significa enfrentarse con la compleja interpenetración de estructuras sociales, biológicas y arquitectónicas dentro de un único elemento y, al mismo tiempo, significa describir nuevas características: una renovada relación entre interior y exterior, la creación de terrenos artificiales, la mezcla entre configuraciones horizontales y verticales, el cambio de una idea de programa a una idea de uso (que implica la de movimiento, percepción, atmósfera, etc.).

Esa condición de *interfaz* —dicho en otros términos, infraestructural— constituye el punto de par-

tida de este ensayo. Su definición, tanto conceptual
como operativa, ha ido progresivamente surgiendo
fuera de la dicotomía entre entorno y autonomía,
parafraseando a David Gissen.[1] Según la interpretación de Gissen, es de hecho imposible comprender
los episodios contemporáneos sin considerar estos
dos polos dialécticos, representados por las posiciones de Reyner Banham y Manfredo Tafuri. Para
Banham la arquitectura es siempre el resultado de
su entorno tecno-natural, como enunció en el famoso *La arquitectura del entorno bien climatizado* (1969),
o en su ensayo «A home is not a house» (1956). El
concepto de entorno de Banham de alguna forma
es antiarquitectónico y antimonumental porque es
algo que mantiene relaciones externas con el mundo de la arquitectura. Siendo externa, la arquitectura debe construir condiciones de posibilidad con la
naturaleza y la tecnología; en otras palabras, debe
conectarse con elementos concretos y aceptar los
medios de producción materiales e ideológicos.
Podríamos decir entonces que toda la estrategia de
Banham está enfocada en ampliar el espectro semántico del término arquitectura, incluyendo otros
elementos como la topología, la biología, la percepción y las tecnologías.

Si Banham en sus afirmaciones absorbe el optimismo del capitalismo anglosajón de la posguerra, el historiador italiano Manfredo Tafuri repudia en cambio radicalmente la posibilidad de contaminarse con el mundo capitalista, proponiendo una arquitectura libre de condicionamientos externos y totalmente autónoma en sus lógicas internas y en sus procesos de generación de la forma. El elogio de las nuevas tecnologías de Banham deviene en Tafuri en el principal objeto de sus críticas a las dinámicas del capitalismo. La arquitectura se ha convertido en una herramienta del desarrollo ideológico del capital. Entonces, la única y verdadera forma para lograr una arquitectura humanista es la del *disincanto*: desengancharse de las presiones del entorno en favor de una arquitectura indiferente respecto a los parámetros externos.

Según Gissen, el debate disciplinar reciente ha intentado incluir y absorber aspectos de ambas posiciones, pero la arquitectura, más allá de posiciones ideológicas antihistóricas, se ha transformado gradualmente en algo distinto: en una máquina que produce entornos y paisajes y, con ellos, una nueva idea de naturaleza. Al asumir esta nueva condición, los dispositivos contemporáneos derivan del complejo ensamblaje de lo artificial y lo natural, de lo visible y lo invisible. El magma de relaciones, interrelaciones e interferencias producidas por los soportes contemporáneos genera una info-esfera en la que cambios y evolución constituyen una condición permanente. Gissen concibe los episodios arquitectónicos contemporáneos como infraestructuras capaces de absorber en su interior articulaciones inclusivas y al mismo tiempo extensas. En otras palabras, es posible reconocer en las arquitecturas contemporáneas ese carácter de negociación entre fragmento y unidad, entre lo individual y lo colectivo, según una lógica de flujos y continuidad. El carácter político de estas arquitecturas se manifiesta no sólo en la redefinición de tipologías tradicionales (bibliotecas, escuelas, etc.), sino también en una renovada interpretación de la relación entre arquitectura y usuario.

Para ser más concretos, podemos enunciar cuatro temas generales que marcan el debate arquitectónico y definen mejor los límites y los alcances de las inquietudes proyectuales recientes. Estos temas tienen que ver con la idea de duración y tiempo interior; con la progresiva desmaterialización de los procesos formales; con la creación de paisajes artificiales y con el cambio de la idea de programa a la idea de uso. Esos cuatro puntos constituyen una especie de prólogo metodológico, sólo introducen los caracteres y las posibles configuraciones que iremos estudiando en los capítulos siguientes, a la hora de analizar un ámbito más específico: las arquitecturas de la percepción.

a) Duración

La distinción que Henri Bergson propone entre tiempo homogéneo y duración real, retomada por parte del discurso filosófico de la segunda mitad del siglo XX, nos ayuda a comprender mejor una de las cualidades fundamentales de esas nuevas arquitecturas. Para Bergson el tiempo homogéneo es el tiempo que medimos, es un concepto práctico, una convención para acompañar a los avances de la ciencia; pero al revés, la duración real es nuestro tiempo interior, algo que se produce y evoluciona continuamente. Por eso no puede ser ni medido ni clasificado y está compuesto por ritmos cada vez diferentes.

Las arquitecturas del Movimiento Moderno consideraban la narración como una de las cuestiones constitutivas de su propia esencia; la *promenade architecturale* de Le Corbusier, por ejemplo, llevaba a los sujetos por un camino atentamente estudiado para provocar en ellos toda una serie de reacciones emotivas y psicológicas contenidas en los límites físicos del espacio diseñado; en un sistema cerrado, los usuarios llegan al punto B desde el punto A tras una secuencia controlada de espacios y ámbitos concretos. Es una trayectoria lineal que no permite la aparición de eventos inesperados.

Años después, aunque en un contexto teórico muy renovado, la arquitectura de Álvaro Siza sugiere la misma idea: el carácter icónico, autónomo y plástico de muchos de sus edificios acompaña a la idea de la narración como único elemento interpretativo de la obra de arquitectura.

La arquitectura contemporánea, en cambio, rechaza la imposición de métodos y modelos preconfigurados para proponer la idea de un sistema abierto: abierto a las modificaciones y al paso del tiempo, abierto al libre y descontrolado uso de los espacios. Al rígido esquema de la arquitectura del Movimiento Moderno se va contraponiendo la yuxtaposición de flujos del Memorial a las Víctimas del Holocausto de Peter Eisenman en Berlín (2005).

Entre la malla constituida por los pilares y las capas topográficas de la ciudad de Berlín, se va creando una fractura que provoca la formación de espacios indefinidos. Dentro del orden aparentemente rígido del monumento, surgen las condiciones para una experiencia del lugar íntima, individual. En otros términos, se verifica una divergencia perceptiva y conceptual entre topografía y arquitectura. Dicha divergencia denota una diferencia entre tiempo —lo que Bergson define como tiempo narrativo, cronológico— y duración. El monumento tradicional es interpretado por su imaginario simbólico; no es leído a través del tiempo, sino como un instante en el espacio que se ve y se comprende simultáneamente. En Berlín, en cambio, la duración de la experiencia individual no ofrece ninguna explicación o lógica. No hay nostalgia, sólo memoria.

b) El grado cero de la arquitectura

Otra de las cuestiones más interesantes para definir las características de algunas arquitecturas contemporáneas es sin duda la tendencia hacia cierto grado cero, es decir, la construcción de una sensibilidad estética basada en elementos efímeros, temporales, técnicamente sostenibles, que hacen del aire un elemento imprescindible.

Empezando por Paul Virilio y su estética de la desaparición,[2] las reflexiones sobre la desmaterialización de los procesos constitutivos en las sociedades occidentales han sido diversamente desarrolladas tanto por pensadores como por arquitectos cuyas aportaciones en muchos casos se han centrado en los espacios urbanos y en la descripción de nuevos fenómenos.

Virilio consideraba las invenciones de los hermanos Lumière y de la cinematografía en general como la anticipación de una nueva tendencia basada en el dinamismo y la inestabilidad. Tránsito, transmisión, transportación y transmigración constituyen la estructura invisible de las ciudades. Estas descripciones son de alguna forma parecidas a las reflexiones de Toyo Ito sobre espacios fenomenológicos y películas transparentes. Para el arquitecto japonés:

La arquitectura debe ser un dispositivo que produzca paisaje, que haga visible el fluir de cosas invisibles como el aire y que indique la actuación humana (comunica-

ción), es decir, un dispositivo que produzca programación. Aunque aquí se diga dispositivo, no se parece en nada a la máquina que buscaba el Movimiento Moderno a principios de este siglo. Es más bien una arquitectura como sistema que no posee ninguna expresión morfológica por sí mismo y que, siendo sumamente simple, puede emitir diversos significados, al igual que el código de barras.[3]

Lo que cambia en ambas posiciones es el punto de partida: si el concepto de transparencia para Virilio es puro dato, una condición imprescindible para describir la transición hacia un mundo diferente, para Toyo Ito la transparencia es una herramienta formidable para alcanzar su objetivo: eliminar cualquier tipo de oposición entre lo natural y lo artificial, entre espacios urbanos y naturaleza. Al considerar la arquitectura como un dispositivo que produce fenómenos y que gestiona la complejidad de las capas que la componen, Toyo Ito lee las ciudades contemporáneas como una maraña en la que lo visible y lo invisible, lo físico y lo virtual coexisten en el mismo cuerpo.

A pesar de que el concepto de transparencia adquiere en Toyo Ito una connotación principalmente instrumental y operativa —igual que en la sintaxis de la modernidad— el producto de las especulaciones de Toyo Ito no es nunca una máquina en el sentido modernista del término: no tiene ninguna connotación formal o formalista y puede producir diferentes significados.

Buscar un grado cero de la arquitectura significa no sólo trabajar con el dinamismo de los flujos de energía e información, sino dilatar progresivamente los límites del objeto arquitectónico hasta hacerlos completamente borrosos. Esa inquietud metodológica y proyectual conlleva una serie de consecuencias que tienen que ver no sólo con asuntos técnicos y constructivos, sino también con el disfrute mismo del objeto de arquitectura, su razón de ser y sus relaciones con el paisaje.

Como veremos más detalladamente en las siguientes páginas, uno de los protagonistas de este proceso de evaporación de los cánones disciplinares tradicionales es sin duda el estudio estadounidense Diller & Scofidio, cuyo principal interés reside en la producción de *vision machines*: el Blur Building (2002), por ejemplo, una nube artificial

sin programa ni forma, indaga el tema de la auto-
percepción y de la hegemonía de la vista en la sociedad capitalista.

c) Paisajes artificiales

A los intentos de englobar el objeto arquitectónico
en el entorno paisajístico —tanto en términos puramente miméticos como de reproducción metafórica de elementos existentes (véase por ejemplo el
Museo de Cantabria de Mansilla y Tuñón, 2003)—
se va oponiendo una revisión más radical de la idea
de contextualismo: la integración de la tradición
paisajística con las nociones de biología y con los
aspectos tectónicos típicos de la arquitectura moderna ha ido produciendo resultados interesantes
en los que las categorías tradicionales como interior y exterior van adquiriendo nuevos significados
y nuevas configuraciones.

Si el término paisaje desempeña un papel central en la definición de las nuevas estrategias formales, la misma noción de naturaleza necesita ser
rearticulada: como ha manifestado Bruno Latour,
hoy en día no nos enfrentamos a un concepto único

y universal de naturaleza, sino con la idea de muchas naturalezas. Siendo la naturaleza continuamente interpretada, construida y alterada por instituciones humanas (políticas, culturales, científicas), su condición profunda es plural.[4]

Al mismo tiempo, la naturaleza puede también ser reproducida dentro de los confines físicos de la arquitectura, como en un proceso de excavación artificial; podríamos decir que se va definiendo una especie de naturaleza sintética o de naturaleza reproducida *in vitro*.

Lo que distingue los edificios recientes de otros precedentes históricos es que el interés por la naturaleza no implica necesariamente reproducciones literales: David Gissen, por ejemplo, revindica el carácter vitalista de la naturaleza, basado en flujos e inmanencia, con unas consecuencias arquitectónicas que resultan ser superficies continuas e interiores fluidos. Según esta mirada, el proceso de artificialización de la naturaleza ya no es una operación exótica, posicionada entre *kitsch* y *mímesis*, sino que va adquiriendo las connotaciones de un cambio de paradigma real: es decir, la transición de un modelo mecanicista hacia una visión termodinámica, basada en sistemas híbridos y abiertos. En otras palabras, la emergencia de nuevos paisajes artificiales forma parte de un proceso más amplio, ligado al cambio hacia una nueva conciencia relacional, ecológica y holística.

Mientras la modernidad había asociado su proyecto radical a algunas tipologías bien definidas como los rascacielos, en las últimas décadas la producción arquitectónica ha ido disolviéndose en un territorio horizontal de capas interconectadas que representan una síntesis de los principios tradicionalmente asociados al paisaje y a la arquitectura. Si el paisaje es inmersivo, háptico y horizontal, la arquitectura mantiene su condición puntual y tangible. Por eso, el resultado de la fusión de esos dos polos no puede producir nada más que un prototipo híbrido.

El arquitecto estadounidense Stan Allen ha sido uno de los primeros autores en subrayar la lenta transición hacia otros modelos arquitectónicos, menos ligados a la idea de objeto y más preocupados por las contaminaciones físicas, conceptuales y metodológicas de la práctica arquitectónica. Tanto en sus investigaciones teóricas como en su obra construida, Allen ha enfocado su mirada muy a menudo sobre la idea de campo, del que las interfaces contemporáneas constituyen una especie de materialización sintomática.[5] El campo es un espacio de propagación de efectos. En lugar de objetos, el campo contiene vectores cuyas características son la velocidad y la función. El campo permite unificar, dentro de una plataforma común, elementos distintos, respetando la identidad y la singularidad de cada uno de estos. Si en la arquitectura clásica las relaciones entre elementos individuales siguen un orden meramente jerárquico, las de campo implican una condición más horizontal, en la que fuerzas y flujos distintos interactúan, y donde intervalos, repeticiones y serialidad devienen en temas fundamentales.

Reproduciendo aquella condición de campo de la que habla Stan Allen, los paisajes artificiales resultan antijerárquicos ya que la forma viene de la interacción entre materia e información. El espacio contemporáneo ya no es un *vacuum* que contiene un objeto y un sujeto; gracias a la idea de paisaje el espacio es una red de fuerzas múltiples.

Al mismo tiempo, siendo imposible separar conceptualmente interior y exterior, público y privado, individual y colectivo, resulta también necesaria una redefinición general de las cuestiones históricas ligadas a la disciplina arquitectónica. La arquitectura es el espacio de mediación entre exigencias interiores y exteriores y busca, en la producción de entornos habitables, nuevos modelos de intercambio con el exterior según un proceso osmótico. De este modo, el objetivo real de las nuevas arquitecturas reside en lo invisible: es decir, cómo transformar los componentes sensoriales, perceptivos y comunicativos que caracterizan nuestra sociedad en espacios concretos, físicos.

Si parte de los episodios más recientes cuestiona el papel desempeñado por la función y el funcionalismo en arquitectura, los paisajes artificiales persiguen otros intereses metodológicos: incluyen en su interior otros elementos como la topología, la biología, la percepción, etc. Más que reinterpretar los factores tradicionales que producen la arquitectura, el debate actual centra su atención en la posibilidad de extender el espectro semántico del término arquitectura.

Los llamados *landform buildings*, por ejemplo, repudian la oposición entre edificio y naturaleza. Más que en la imitación de formas naturales, los *landform buildings* participan en la creación de territorios artificiales en los cuales el paisaje no es visto simplemente como polo antitético, sino más bien como un elemento constitutivo de la complejidad urbana.[6] El Rolex Learning Center en Lausana (2010), de SANAA, o el Teshima Art Museum (2010), realizado por Ryue Nishizawa, son ejemplos de dispositivos arquitectónicos con un acentuado carácter icónico cuyo interés reside en la fusión total de ciudad y paisaje no sólo desde un punto de vista espacial, sino también perceptivo. Marcar el territorio o crear límites para proteger el espacio interior de la naturaleza ya no son el acto fundamental de la arquitectura: al revés, ahora su principal reto es trabajar en la unidad de esos elementos.

d) Del programa al uso

El deseo de imaginar megaestructuras con programas complejos y diversos ha sido una de las obsessiones de la cultura arquitéctonica de los años noventa, como bien explicado por Rem Koolhaas a través de su concepto de *bigness*. La ciudad necesitaba grandes contenedores multifunción en los cuales los espacios ya no se articulan, sino que se superponen, y elementos mecánicos de conexión vertical permiten el tránsito de una esfera a otra.[7]

Por el contrario, las arquitecturas contemporáneas han ido sustituyendo la idea de programa por la de uso. La diferencia es sustancial: a la idea de uso están asociados conceptos como el de movimiento, experiencia individual, percepción, atmósfera.

Mientras los límites entre naturaleza y arquitectura se hacen cada vez más borrosos hasta desaparecer, incluso nuestra percepción del espacio resulta profundamente condicionada: surgen experiencias simultáneas en las que espacios físicos y virtuales coexisten (por ejemplo, en la integración del *shopping* virtual con otros tipos de espacio). Más que representar o celebrar algo, los nuevos paisajes necesitan la interacción con los usuarios para producir determinados efectos: uno tiene que caminar dentro de estos edificios, aventurarse en sus niveles, explorar sus límites.

La coexistencia de diferentes usos, la necesidad de una participación activa por parte del usuario y la fusión de muchas de las tipologías tradicionales convierten esos dispositivos arquitectónicos en un experimento colectivo, orientado a mejorar y definir un territorio realmente público.

El ya citado Rolex Learning Center de SANAA (Lausana, 2010) es el emblema de esa nueva sensibilidad proyectual: funciona como una plataforma abierta, un soporte de las actividades cotidianas de los estudiantes, cuyos flujos de un ámbito a otro son libres y no tienen barreras. Son los gradientes de densidad acumulada los que definen un espacio: el programa sirve simplemente para dotar al edificio de funciones básicas, no para definirlo desde un punto de vista arquitectónico. De esta manera, el Rolex Learning Center siempre va asumiendo distintas configuraciones y múltiples procesos de colonización del espacio. La forma no sigue a la función.

Una peculiar evolución de esa actitud es la llamada arquitectura meteorológica, atenta al control de los aspectos climáticos para ofrecer cierto grado de confort y superar el rígido funcionalismo típico de la modernidad. El arquitecto suizo Philippe Rahm lleva años investigando la relación entre clima y espacios habitados, según el lema: «forma y función siguen al clima». Más que en los aspectos programáticos, la arquitectura de Rahm depende de las condiciones atmosféricas, la humedad relativa, la temperatura, la iluminación. El resultado del control de todas esas variables es la arquitectura.

Tanto los proyectos de SANAA como las exploraciones de Philippe Rahm constituyen ejemplos representativos de lo que este ensayo intenta describir: es decir, la proliferación de nuevas estrategias en las que el proyecto arquitectónico se va liberando de los aspectos funcionales para generar nuevos paráme- tros —invisibles— de uso del espacio y de facilitación de relaciones. Controlar esos parámetros significa in- dagar en la capacidad de la arquitectura para adaptar- se a los cambios estacionales y meteorológicos, libre de funciones preestablecidas, y en disposición de dar respuesta a las problemáticas climáticas y técnicas.

ARQUITECTURA Y PERCEPCIÓN

De todas las manifestaciones contemporáneas men- cionadas antes, este ensayo se centra en una forma peculiar de *interfaz*: la de la percepción. Al incor- porar las nuevas direcciones de la estética contem- poránea —con su retorno al significado originario de la palabra *aisthesis* (en griego antiguo αἴσθησις, percepción)— la arquitectura se desconecta de con- notaciones semánticas o interpretativas; el análisis de los signos y las teorías de las interpretaciones ya no permiten entender la estructura profunda de los episodios más recientes. En cambio, las teorías de filósofos como Gernot Böhme, Peter Sloterdik o Paul Virilio definen un vasto campo de posibilidades que arquitectos y diseñadores han ido explorando poco a poco. Objetivo de este ensayo es desvelar la conexión entre esos conceptos y sus traducciones arquitectónicas. La noción de *aisthesis* es por lo tanto el marco conceptual o el punto de partida para analizar arquitecturas recientes.

Las arquitecturas de la percepción se presentan bajo las formas de esferas, burbujas o atmósferas. En ellas el aire se convierte en un material de construcción para alcanzar un grado cero tanto físico como simbólico. La meteorología y el clima condicionan las decisiones proyectuales, sugiriendo nuevas organizaciones espaciales. El arquitecto, consecuentemente, está ahora llamado a crear escenarios, palimpsestos para el desarrollo de las actividades humanas [Fig. 1].

Una renovada idea de arquitectura conlleva también un proceso de mutación que incluye nuevas jerarquías, nuevas tipologías y una nueva organización de las dinámicas urbanas. En este contexto, dos familias de ejemplos arquitectónicos serán analizadas: las *máquinas de la percepción* y las *arquitecturas convectivas*.

Las *máquinas de la percepción* son el resultado de la progresiva incorporación —dentro de las estrategias arquitectónicas contemporáneas— de teorías perceptivas y fenomenológicas como las de Henri Bergson o Maurice Merleau-Ponty. El trabajo del estudio Diller & Scofidio (+ Renfro) responde a esta lógica: influenciados por toda una serie de *performances*, instalaciones, videos y objetos realizados por Marcel Duchamp a lo largo de los años, los proyectos de los arquitectos estadounidenses nos ayudan a comprender cómo el diseño del ambiente puede, en general, determinar quién y qué somos. Entre sus intereses parece primario el papel del ojo humano a la hora de modelar el espacio y sus implicaciones sociales y psicológicas. Diller & Scofidio inventan máquinas perceptivas: cada habitación, cada edificio funciona como una máquina que distribuye visibilidades e invisibilidades, como un palimpsesto en el que el ser humano es la invariable constante.

Según una actitud distinta y más ligada a los aspectos fisiológicos de la arquitectura, se sitúa el trabajo del anteriormente citado Philippe Rahm y de sus *arquitecturas convectivas*. Este campo de interés representa de alguna manera la transposición más sofisticada en nuestro territorio disciplinar de las relaciones entre tecnología y arte —entre datos visibles y datos invisibles—. Sus aportaciones pertenecen a una cultura ambiental que tiende a una especie de evanescencia material. En estos experimentos el proyecto de arquitectura es una experiencia física que transforma al sujeto en protagonista activo, más allá de las interpretaciones morales, psicológicas, historicistas o icónicas heredadas de décadas de revisión de la modernidad. En esta concepción, la experiencia háptica, la construcción sensorial del ambiente y no ya el objeto como hecho material concluso ganan el protagonismo de la actividad proyectual.

Aisthesis

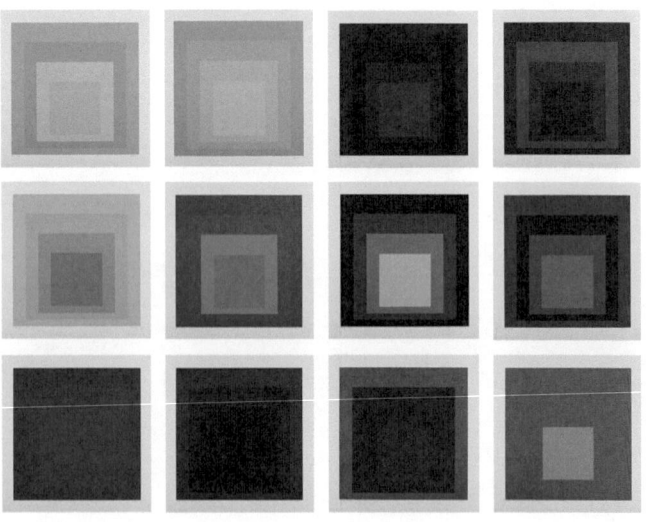

[1] Josef Albers, *Portfolio 'Homage to the Square'*, 1967.

A la hora de presentar su teoría del color, el artista alemán Josef Albers introduce una diferenciación que resultará paradigmática para entender el cambio que afecta no sólo a los territorios artísticos, sino en general al discurso en torno a la disciplina estética. En su ensayo *La interacción del color*, publicado por primera vez en 1963, Albers escribe:

> Del mismo modo, la identificación factual de los colores que aparecen en una pintura determinada no tiene nada que ver con la visión sensible ni con una comprensión de la acción de los colores dentro de la pintura. Lo que nos interesa es la interacción del color, esto es, observar lo que sucede entre los colores. Así, los colores se nos presentan dentro de un flujo continuo, constantemente relacionados con los contiguos y en condiciones cambiantes. En consecuencia, esto demuestra para la lectura del color lo que Kandinsky pedía a menudo para la lectura del arte: lo que cuenta no es el qué, sino el cómo.[8]

Llevando a su extremo el concepto de imagen, Albers va describiendo una nueva forma de entender el color y la percepción visual y explica la diferencia que existe entre realidad física y realidad psíquica con los conceptos de *factual fact* y *actual fact*. *Factual fact* es la imagen como objeto, con sus propiedades y sus colores. *Actual fact*, en cambio, es lo que una imagen irradia, su tonalidad cromática y afectiva: el conjunto de efectos psíquicos que esta puede producir en el observador [Fig. 1].

Esta distinción es típica también en varios idiomas y usos lingüísticos: en alemán, por ejemplo, hay diferencia entre cuadro (*bild*), y retrato (*bildnis*). Cuadro quiere indicar el objeto que se puede mover y que se coloca en un lugar preciso; retrato, en cambio, indica aquella realidad aparente que sentimos en el objeto.

Las reflexiones de Albers representan el síntoma de un cambio más amplio cuyos orígenes se remontan a la segunda mitad del siglo XX, cuando la disciplina estética vuelve a centrar su atención especulativa en lo sensible y en el redescubrimiento del cuerpo y de la carne. En lugar de reducir sus límites disciplinarios al análisis de los signos (semiótica) o en la elaboración de interpretaciones (hermenéutica), la estética vuelve a ser *aistetica* —del griego αἴσθησις, (aisthesis), percepción—, y lo que se va configurando es una doctrina del conocimiento sensible o mejor dicho, una teoría general de la percepción.

El filósofo italiano Mario Perniola ha dedicado parte de sus inquietudes a la definición de una filosofía del sentir, detectando al mismo tiempo posiciones y áreas temáticas de la estética del siglo XX, para entender mejor el marco general dentro del cual va surgiendo ese renovado interés por los aspectos sensibles del conocimiento.[9] Analizando el siglo XX, Perniola llega a describir cuatro campos conceptuales que han ido definiéndose a partir de las nociones de vida, forma, conocimiento y acción. Si vida y forma constituyen un desarrollo del pensamiento de Kant y de su crítica del juicio, conocimiento y acción, en cambio, proceden de Hegel y de su estética. Alrededor de los años sesenta estos cuatro ámbitos temáticos sufren un cambio profundo, un proceso de adaptación a nuevas condiciones: la estética de la vida adquiere un carácter estrictamente político; la estética de la forma un carácter mediático; la estética del conocimiento un carácter escéptico, la estética de la acción un carácter comunicativo.

La atención especulativa de Perniola, sin embargo, se centra en otra área de la estética que se había quedado fuera del anterior esquema representativo porque no procedía de las dos grandes tradiciones que habían ido caracterizando la filosofía del siglo XX: Kant y Hegel. El ámbito del que habla Perniola intenta reconducir el sentido y la finalidad de la estética a su acepción originaria: estética como *aisthesis*, estética del sentir, de la sensibilidad, de la afectividad.

En términos generales, la estética del siglo XX se mostró poco interesada por las cuestiones del sentir y, al mismo tiempo, los que se enfrentaron con dichas problemáticas poco tenían que ver con el mundo de la estética. En lugar de una conciliación entre las herramientas ofrecidas por el pensamiento de Kant y Hegel —el juicio y la dialéctica— la estética del sentir propone enfatizar la oposición entre ellos; Perniola enfoca su interés en el sentir como tradición filosófica autónoma, desarrollada bajo la noción de diferencia.

Los pensadores de la diferencia resultan ajenos a la tradición de la estética procedente de Kant y Hegel; por eso, Perniola los define como neoestéticos y empieza su discurso refiriéndose a las aportaciones de Sigmund Freud quien, en *Lo siniestro* (1919), observa cómo la estética va centrándose exclusivamente en conceptos como lo bello y lo sublime sin ocuparse de estados de ánimo o aspectos del sentir como lo siniestro.

El trabajo de Martin Heidegger se inscribe en un rechazo de la metafísica occidental cuyas reflexiones tienden a colocar lo esencial del arte fuera de la disciplina estética. El filósofo alemán va centrando su interés crítico en el llamado estado afectivo para empezar un proceso de de subjetivación del sentir que se hará central en el debate filosófico de los últimos años.

Junto a Freud y Heidegger, otros dos protagonistas del pensar diferente son, sin duda, Ludwig Wittgenstein y Walter Benjamin. Wittgenstein articula su discurso a partir de la inutilidad de todo tipo de juicio estético: en su opinión, la estética no tiene ningún valor ni cognitivo ni pragmático. En cambio, Benjamin describe una estética del sentir basada en tres conceptos: muerte, mercancía y sexo. Estos aspectos de la existencia han sido olvidados por la estética tradicional y nunca han sido puestos en relación.

Para volver al tema central de nuestras reflexiones, es decir, la apuesta por una estética que vuelva a su originaria acepción de *aisthesis*, hay que decir que si Mario Perniola desarrolla sus estudios desde una perspectiva historicista —delineando un marco general de referencia para los pensadores del siglo XX— hay otros filósofos que han ido elaborando una visión peculiar de la relación entre estética y percepción, ofreciendo herramientas de análisis muy interesantes.

Uno de ellos es sin duda el filósofo alemán Gernot Böhme, cuyo intento de construir una teoría general de la percepción se identifica a través del concepto de atmósfera.

¿Qué es entonces una atmósfera? Las atmósferas constituyen el *prius* de nuestra experiencia perceptiva del mundo, de nuestra experiencia sensible; a la hora de definir claramente su significado, Böhme nos dice que:

La atmósfera es un espacio con su tonalidad emocional, es decir, algo que nos sugiere una cierta impresión, un estado de ánimo.[10]

Las atmósferas no son ni estados del sujeto ni características del objeto; más bien las atmósferas son algo entre sujeto y objeto. No son algo relacional, sino la misma relación. Si el hecho perceptivo básico consiste en sentir la presencia, es decir, no sólo sentirme a mí mismo como sujeto percipiente, sino también sentir la presencia de algo, podemos decir que la atmósfera es el objeto perceptivo primario a partir de la cual se realiza la diferenciación de sujeto y objeto y que no desaparece ni se contrae en una cosa. La percepción es entonces una unidad de sujeto y objeto: en la percepción sujeto y objeto se funden, devienen en un sistema, en el sentido de que comparten nuevas condiciones. La atmósfera es la excitación de un estado común a sujeto y objeto. Böhme llega a definir también los posibles generadores de atmósferas:

a) **los estados de ánimo producidos por las llamadas puestas en escena;**
b) **las sinestesias;**
c) **las impresiones motoras;**
d) **los caracteres sociales (poder, elegancia, riqueza);**
e) **los caracteres comunicativos (los gestos, la mímica, el timbre de voz).**

Con respecto a la percepción primaria, el filósofo alemán introduce una distinción entre atmósfera y atmosférico:

Lo atmosférico es algo más claramente separado del yo, algo que está al lado de las cosas; la noche, el otoño, la iluminación. Al revés, una atmósfera es algo de lo que no nos podemos alejar, algo que no se contrae ni desvanece en una cosa. Las atmósferas poseen una componente subjetiva.[11]

Los fenómenos de lo atmosférico se distinguen de las atmósferas por su absoluta falta de momento subjetivo. Cuando hablo de la noche, o del crepúsculo, en la denominación de dichos fenómenos perceptivos todavía no aparece el momento de la participación subjetiva en dichos fenómenos, es decir, la del envolvimiento afectivo.

Igual de interesante es la aproximación del filósofo italiano Tonino Griffero al tema de la atmósfera; a pesar de algunos de puntos de vista compartidos, lo que cambia respecto a las posiciones de Böhme —más que sus manifestaciones fenomenológicas— es el carácter profundo de dicha noción: Grifffero, al contrario de Böhme, no contempla ninguna distinción entre atmósfera y atmosférico. Considera a los términos intercambiables, ya que la apuesta de su trabajo es demostrar el carácter casi objetivo de las atmósferas. Separar un ámbito totalmente objetivo (lo que Böhme define como atmosférico) de la atmósfera significaría refutar parte de sus reflexiones. Para el filósofo italiano las atmósferas aparecen y desaparecen de repente, no son propiedades de ningún objeto, sino que coinciden en cuanto semi-cosas, son su carácter fenoménico; son un *entre* posible gracias a la copresencia de sujeto y objeto; aunque sean semi-cosas, las atmósferas deben poseer una identidad. Esto significa, por ejemplo, que nos podemos equivocar tanto al percibirlas como al producirlas; las atmósferas son algo n-dimensional, lejanas de las coordenadas cartesianas.

Para Griffero, la atmósfera es un *prius* sentimental de nuestro encuentro sensible con el mundo. De hecho, Griffero centra sus análisis en las formas de percibir las atmósferas, es decir, en la relación entre sentidos y atmosfericidad. Percibir atmosféricamente no significa acertar unos datos sensibles, sino más bien ser englobados por las cosas y por las situaciones. La percepción atmosférica es entonces un estar en el mundo holístico y emocional. Percibir significa ser tocados en el cuerpo propio.

Percibir una atmósfera significa también detectar en el espacio circundante un sentimiento. La percepción atmosférica no tiene que ver con objetos sólidos, continuos, formas y movimientos discretos, sino que incluye situaciones caóticas y múltiples cuya fenomenología hay que distinguirla del estímulo físico. Si no queremos identificar totalmente las atmósferas con los sentimientos, hay que especificar que las atmósferas sí son sentimientos, pero sentimientos externos, vinculados a situaciones y que se difunden en una dimensión espacial.

Con el término situación, Griffero se refiere a un estado de las cosas muy denso y múltiple, reconocible solamente a causa de su tonalidad atmosférica. Definiendo las atmósferas como sentimientos espacializados —es decir, la calidad emocional específica de un espacio— Griffero conecta de alguna forma sus reflexiones al conjunto de aportaciones que han constituido en la primera parte del siglo XX el llamado *spatial turn*: una aproximación al espacio que sentimos en relación con el mundo de la vida, que intenta cuestionar la contradicción entre el espacio físico —hecho por lugares y distancias medibles— y el espacio vivido, que está ligado al cuerpo y a nuestras acciones. En este sentido, los estudios de Maurice Merleau Ponty constituyen para Griffero un punto de partida imprescindible al definir la centralidad del cuerpo: el espacio físico-geométrico no es suficiente para explicar nuestro pacto con el mundo. Nuestro estar en las cosas se revela con más profundidad en el acto de percibir.

El conjunto fenoménico-perceptivo que se suele llamar clima es un óptimo ejemplo de atmósfera como sentimiento presente en el espacio: el húmedo tiempo de noviembre, la fascinante atmósfera de primavera, el seco frío de una mañana invernal. Todas estas, según Griffero, no son más que atmósferas climáticas.

La niebla, por ejemplo, es algo para nada metafórico: puede generar un sentimiento de opresión no localizado, pero espacialmente muy vasto. Se corresponde con una percepción atmosférica muy irreal en la cual sólo se oyen los sonidos; la visión se hace imposible. Atmosféricas son las fases del día: el alternarse del día y de la noche, la aurora y el crepúsculo.

Todas las latitudes tienen su propia atmosfericidad y un ambiente urbano produce atmósferas distintas de las de un contexto rural: en otras palabras, nuestro cuerpo está rodeado por un sistema de atmósferas que van de los vestidos al clima y que determinan nuestro estar en el mundo.

Como Otto Friedrich Bollnow escribía, las condiciones atmosféricas condicionan al hombre.[12] Y al mismo tiempo, el hombre está permeado de una tonalidad emotiva que se transfiere al espacio alrededor donde el concepto de transferencia sólo puede ser utilizado en un sentido provisional. Se habla de tonalidad emotiva tanto del ánimo humano como de un paisaje o de un espacio interno cerrado: las dos cosas son dos aspectos de una única tendencia. La misma tonalidad emotiva no es nada subjetivo en el hombre y nada objetivo en su entorno, sino que más bien tiene que ver con el hombre en su unidad con el mundo ambiente.

Interesante es también la relación que Griffero establece entre atmósfera y *genius loci*: igual que la atmósfera, el *genius loci* no es un conjunto de datos físicos, sino que es la operación de transformar un espacio en un lugar, es decir, descubrir el potencial de un ambiente dado. Cuando el espacio adquiere una carga atmosférica, infunde un *genius loci*. En vez de considerarlo como una especificidad del hábitat —romántico, clásico, etc.— el *genius loci* es la condensación de una atmósfera climática.

Otra similitud es la que se verifica entre el concepto de atmósfera y el de aura, cuya fama se debe a las aportaciones de Benjamin en torno al tema de la reproductibilidad de la obra de arte.[13] A la hora de interpretar la sociedad del siglo XX —y en particular las formas modernas de expresión artística— Benjamin va introduciendo la idea de una pérdida de aura. Para Benjamin, una de las características primarias de toda obra de arte es su autenticidad, su carácter único e irrepetible, que él llama aura. A la unicidad de la obra de arte se contrapone ahora la multiplicidad de copias del cine o de la fotografía. Todo se convierte en plural y se puede replicar. Según Benjamin, la obra de arte siempre ha sido reproductible, pero su reproducción mecánica es algo nuevo. Si, por ejemplo, los griegos utilizaban la fusión y el cuño para la reproducción —consiguiendo reproducir en cierta cantidad solamente monedas, terracotas y bronces— con el desarrollo de la prensa se hizo reproductible la escritura también y, más tarde, con la litografía y sobre todo con la fotografía, las nuevas técnicas han ido adquiriendo cierta autonomía entre los procedimientos artísticos, influyendo profundamente sobre el arte en su forma tradicional.

El aura de una obra de arte también es dada por lo que Benjamin llama el *hic et nunc*, en relación con el lugar donde esta se sitúa. El *hic et nunc* resulta del conjunto de transformaciones que afectaron a la estructura física de la obra a lo largo del tiempo y los cambios de propiedad que se produjeron. Todo esto demuestra la autenticidad de la obra e implica la imposibilidad de cualquier forma de reproducción. Los medios que permiten la reproducción mecánica de una obra de arte —la fotografía, por ejemplo— producen según Benjamin una devaluación del *hic et nunc* porque modifican la autenticidad de la obra y alteran la esencia de la misma obra, es decir, la posibilidad de ser transmitida en virtud de su testigo histórico. En otras palabras, lo que se va perdiendo en el proceso de reproducción técnica es lo que Benjamin define como:

Una trama particular de espacio y tiempo: la aparición irrepetible de una lejanía por cercana que esta pueda hallarse.[14]

Para Benjamin, a lo largo de la historia se van modificando también los modos y los géneros de la percepción sensorial. La manera con la que se organiza dicha percepción no depende solamente de factores naturales, sino también históricos. Por eso el filósofo alemán intenta describir las consecuencias que las formas de reproducción mecánica han producido tanto en el disfrute de las obras de arte como en la sociedad más en general. En este sentido, el irrumpir de las masas en la escena política está íntimamente ligado a la pérdida del aura: mediante los nuevos procesos de reproducción se intenta alcanzar una igualdad de género, incluso en lo que se supone que debe ser único e irrepetible, es decir, la obra de arte.

Griffero parte de la noción de aura según Benjamin para compararla con la de atmósfera; si es cierto que el concepto de aura tiene que ver con la autenticidad de la obra de arte —mientras que el de atmósfera envuelve afectivamente el cuerpo del hombre—, tanto el aura como la atmósfera son presentimientos no intencionales e ineluctables.

Volviendo al tema de la percepción atmosférica, Griffero explica que percibir la atmósfera es siempre copercibir nuestra propia situación afectiva corpórea en relación con un lugar determinado; aunque una atmósfera sea la total compenetración de sujeto y objeto, de mundo interior y mundo exterior, la dirección de los sentimientos atmosféricos va del exterior al interior; Griffero afirma que un sentimiento no es algo que poseo, sino más bien es el sentimiento el que me posee a mí. Decir que estoy triste significa entonces que la tristeza ha entrado en mí.

Existen, sin embargo, atmósferas casi objetivas que se enfrentan con una variabilidad perceptiva que se debe a factores culturales, históricos, individuales. Aunque la misma atmósfera pueda ser percibida por dos personas de una forma distinta, esto no prueba el carácter subjetivo de las atmósferas; el factor de generación de las atmósferas puede que sea lo mismo, es decir, la coincidencia entre la forma y el contenido de la percepción.

Por eso hay que distinguir entre un conocimiento superficial de las atmósferas exteriores y la comprensión corpórea en relación con la atmósfera. Según Griffero, sentimos la atmósfera como algo procedente del objeto porque realmente esta viene del objeto. A pesar de la compleja descripción de muchas aportaciones en torno a este tema, la aproximación de Griffero está clara: la atmósfera no está en el ojo del perceptor, sino que más bien es un sentimiento casi objetivo encontrado en el espacio exterior.

Tras haber descrito los posibles tipos de atmósfera y sus relaciones no sólo con nuestro cuerpo, sino también con el paisaje, Griffero intenta vincular la producción de atmósferas a los sentidos, cuestionado la hegemonía de vista y tacto; por eso habla en primer lugar de la importancia del olfato. Ya que una atmósfera no tiene bordes, esquinas, colores predefinidos, y sus límites están compuestos por sustancias gaseosas, los olores representan lo que es más evocativo por estar estrictamente ligado al hipotálamo que se dedica a elaborar las emociones y procesar respuestas inmediatas.

De alguna forma, oler significa aspirar los olores del mundo exterior, y al mismo tiempo dejar transpirar nuestro propio olor. A través del olfato se realiza esa fusión de mundo interior y exterior de la que iba hablando Böhme en su definición de atmósfera. Para el filósofo alemán una atmósfera la puedes aspirar, los olores te sugieren una primera e indeleble impresión del ambiente en el que vivimos (el café por la mañana, el pan que acaba de salir del horno, etc.).

Las que Griffero y Böhme ilustran son entonces atmósferas oro-sensoriales en las que el olor es la misma atmósfera: algo que, impregnando el espacio vivido, nos pone en comunicación con el mundo de las cosas. La centralidad atmosférica del olfato —mejor dicho, del sentido oral (olfato + gusto)— se debe a varias razones: en primer lugar a su carácter indispensable ya que el oral es el único sentido siempre en activo, tanto en la respiración como en la nutrición; en segundo lugar, el *sentido oral* no separa lo gnósico y lo perceptivo, vista su estricta relación con el saber; saber y gustar poseen el mismo origen: sapiencia y sabor; la tercera razón tiene que ver con la fusión total entre significado y signo que sólo el olfato y el gusto pueden alcanzar; por último, la centralidad del olfato se debe a la hegemonía filogenética del *sentido oral* ya que la primera atmósfera percibida es la materna.

Por lo tanto, el *sentido oral* ejemplifica perfectamente lo atmosférico. Igual que la atmósfera, el olor anula la separación entre sujeto y objeto; igual que la atmósfera, es inefable, localizable solamente a *posteriori* y sólo con la ayuda de otros sentidos; igual que la atmósfera, es una calidad fenoménica. Existen atmósferas visuales, auditivas, pero sobre todo atmósferas oro-sensoriales.

Independientemente de su ámbito de aplicación y de la escala de intervención, percepción y sentir se han convertido en cuestiones centrales no sólo en el debate filosófico, sino también en el arquitectónico. Si el mirar, mejor dicho, la vista, ha representado siempre el canal privilegiado en la experiencia de una obra de arquitectura, en los últimos años han ido creciendo aquellas posiciones críticas hacia el *ocularcentrismo* de la cultura occidental, interesadas en enfatizar la importancia de lo háptico y de lo oro-sensorial en arquitectura.

El trabajo teórico del arquitecto finlandés Juhani Pallasmaa pertenece a esta línea de pensamiento. Junto con Steven Holl y Alberto Pérez Gómez escribe *Questions of Perception* y más tarde condensa sus reflexiones sobre el papel de la mirada en *Los ojos de la piel*. El punto de partida de Pallasmaa es sin duda el conjunto de aportaciones de Maurice Merleau-Ponty quien, a mediados de los años cuarenta, introduce en el debate filosófico una epistemología del cuerpo basada en tres etapas: comportamiento-cuerpo-carne. En particular el filósofo francés articulaba la relación entre carne y mundo de esta manera:

Mi carne y la del mundo incluyen, pues, zonas claras, zonas de luz alrededor de las cuales giran sus zonas opacas, y la visibilidad primaria, la de las cosas, no deja de tener una visibilidad secundaria, la de las líneas de fuerza y las dimensiones;

la carne maciza va acompañada de una carne sutil, el cuerpo momentáneo de un cuerpo glorioso.[15]

Al criticar la hegemonía de la vista en la interpretación del mundo, Pallasmaa llega a afirmar que vemos a través de la piel y que hay dos tipos de visión: una enfocada —que no se enfrenta con el mundo— y otra periférica —que nos envuelve con la carne del mundo—. Revindicando la necesidad de un contacto háptico con el mundo, Pallasmaa intenta establecer un diálogo entre individuo y espacio: un diálogo que no puede manifestarse sólo a través de la vista, sino, sobre todo, a través del cuerpo y de sus sensaciones.

Su crítica del *ocularcentrismo* en la historia somete a examen la obra de pintores y filósofos hasta llegar al siglo XX y a Guy Debord, cuyas aportaciones se basaban en una denuncia del condicionamiento que lo visual iba ejerciendo sobre las masas tras la Segunda Guerra Mundial. La arquitectura occidental, a partir de Leon Battista Alberti, ha tratado sobre temas de percepción visual, armonía y proporción. El mismo Alberti escribía que la pintura no es más que la intersección de la pirámide visual, de acuerdo con una distancia dada, un centro fijo y cierta iluminación. Incluso Le Corbusier, con su definición —«la arquitectura es el juego sabio, correcto y magnífico de los volúmenes bajo la luz»— describe una arquitectura del ojo.

En cambio, para Pallasmaa es evidente que la arquitectura de las culturas vernáculas está fundamentalmente conectada con el saber tácito del cuerpo: las arquitecturas indígenas de arcilla y barro que se dan en varias partes del mundo parecen haber nacido de sentidos musculares y hápticos más que del ojo. La experiencia arquitectónica es para el finlandés:

Acercarse o enfrentarse a un edificio, más que la percepción formal de una fachada; el acto de entrar y no simplemente del diseño visual de la puerta; mirar al interior o al exterior por una ventana, más que la ventana en sí como un objeto material.[16]

Pallasmaa cita a la Alhambra de Granada, donde olfato, gusto y tacto contribuyen a la construcción de entornos artificiales en los que todos los sentidos tienen la misma importancia capital. Una obra de arquitectura no se experimenta como una serie de imágenes retinianas aisladas, sino en su esencia material, corpórea y espiritual plenamente integrada.

Para el finlandés la civilización occidental de la imagen ha ido afectando negativamente a la arquitectura, permitiendo la proliferación de construcciones que seducen como un producto de mercado y de publicidad sin tener en cuenta su verdadero fin. El resultado es un empobrecimiento fatal: por eso hay que reafirmar la centralidad del cuerpo y de los sentidos en la experiencia de arquitectura.

Todas las reflexiones de Pallasmaa entonces se direccionan hacia una crítica a la sociedad contemporánea y a su arquitectura —el llamado *star-system*—. Aunque las aportaciones del arquitecto finlandés acaban siendo en algunos casos una estéril apología del pasado en contra de un futuro borroso, hay que reconocer la originalidad de sus reflexiones y el interés que ha ido capturando en una nueva generación de arquitectos ofreciéndoles la posibilidad de otra perspectiva sobre la arquitectura contemporánea.

A lo largo de los años, las críticas hacia el *ocularcentrismo* de la cultura occidental también se han manifestado a través de un enfrentamiento provocador y radical con la idea de imagen. A la idea tradicional de imagen —es decir, estable y clara— se ha ido contraponiendo una acepción del término más abierta, borrosa e indeterminada.

Por un lado, filósofos, pensadores y teóricos han ido centrando su interés en aquellos procesos de desmaterialización que caracterizan los espacios urbanos occidentales. Paul Virilio, por ejemplo, en un artículo de 1984 titulado «The Overexposed City», analiza la relación entre espacio físico —la estructura de las ciudades— e información. El resultado de dicha conexión determina la forma con la que miramos a las ciudades y vivimos en ellas:

En efecto, estamos presenciando un momento paradójico en el cual la opacidad de los materiales de construcción se reduce a cero. Con la invención de la edificación con esqueletos de acero, de las paredes cortinas hechas de materiales livianos y transparentes, tales como plásticos y vidrio, reemplazan las fachadas de piedra de igual manera en que el papel de calcar, el acetato y el plexiglás reemplazan la opacidad del papel en la etapa del diseño. Por otro lado, con la *interface* de pantallas de computadoras, televisiones y teleconferencias,

la superficie de inscripción, hasta ahora exenta de profundidad, se convierte en una suerte de 'distancia', una profundidad de campo de un nuevo tipo de representación, una visibilidad sin ningún encuentro cara a cara en la que el *vis-à-vis* de las antiguas calles desaparece y es eliminado.[17]

De una forma parecida, el arquitecto japonés Toyo Ito investiga las ciudades contemporáneas —Tokio, en particular— como el resultado de dos capas superpuestas: una visible, hecha de elementos físicos, y otra invisible, hecha de información:

A comienzos de la década de los ochenta empezamos a habitar en dos ciudades. Una es la ciudad como objeto material, la cual es una presencia física sostenida por objetos físicos. Otra es la ciudad como información y también es la ciudad virtual como acontecimiento. Esta última no tiene el orden de tiempo y de espacio estables que se da en la ciudad como objeto material y es una ciudad en la que tampoco hay jerarquías teniendo una expansión topológica

en cuanto al espacio y al tiempo. La ciudad como fenómeno es una ciudad sin tiempo y sin lugar. Este tipo de espacio urbano puede decirse que se caracteriza por tener: homogeneidad, transparencia, fluidez, relatividad y fragmentación. Todo el espacio es neutro, sin sombras, seco, inodoro y homogéneo. Es un espacio enrarecido y transparente que no te hace sentir ni el grosor ni el peso de las cosas. Es un espacio pasajero que va fluyendo incesantemente y en el que un signo da a luz al signo siguiente. Es un espacio relativo en el que está siempre preparada la alternativa que se puede copiar y es un espacio fragmentado que no puede contener un cosmos cerrado tanto en cuanto al espacio como en cuanto al tiempo.[18]

Frente a esta nueva condición, para Toyo Ito tanto el espacio urbano como la arquitectura que lo compone tienen que ser fenomenológicos: es decir, tienen que trabajar con materiales intangibles como luz, colores, sonidos, imágenes.

Coherentemente con este análisis, Toyo Ito será uno de los primeros arquitectos en postular una

arquitectura en que tecnología, estimulación sensorial y poética de la transparencia concurran en un
único cuerpo proyectual compuesto por imágenes
efímeras e inestables. La Torre de los Vientos en
Yokohama (Japón), de 1986, es un ejemplo del interés del arquitecto japonés en dichas cuestiones.

En Yokohama, aire y sonido se convierten en
materiales de proyecto y, sobre todo, en información. Según las palabras del arquitecto, el fin estratégico de la propuesta era alcanzar una informatiza-
ción del ambiente: al remodelar una torre existente
de hormigón destinada al depósito elevado de agua,
Toyo Ito recubre su superficie de espejos, paneles de
aluminio ovalado con múltiples orificios y dispone
más de mil lámparas entre la torre propiamente dicha y la estructura que la rodea. Durante el día, la torre se parece a un cilindro normal de aluminio, pero
a partir del crepúsculo se convierte en una máquina
interactiva que hace visible el ruido existente en el
aire de la ciudad y que se ilumina según las informaciones que le transmite un sensor-anemómetro. Así
los agentes atmosféricos determinan la imagen cambiante de una estructura arquitectónica y producen
distintos efectos perceptivos según las distintas condiciones meteorológicas.

Como veremos en las siguientes páginas, son muchos los arquitectos y artistas que en los últimos años han ido compartiendo con Toyo Ito las preocupaciones sobre el poder de la imagen y sus consecuencias perceptivas. Con respecto al papel desempeñado por la percepción en la producción arquitectónica contemporánea, hemos mencionado anteriormente al estudio estadounidense Diller & Scofidio, fundado en 1979. Sus inquietudes no se centran solamente en la hegemonía de la vista en la sociedad capitalista, sino que tienen que ver más en general con la construcción de una experiencia de la obra arquitectónica que sea muy personal e íntima. Paradigma de dicha visión es el Blur Building, realizado para la Exposición de Suiza (Yverdon-Les-Bains) en 2002 y condensador de muchas de las reflexiones que Diller & Scofidio iban llevando a cabo en aquellos años. Más que un edificio, podríamos definir el Blur Building como un dispositivo capaz de estimular las percepciones psicológicas y sensoriales del visitante. Lo virtual y lo digital introducen una nueva dimensión interpretativa: una interacción física y emotiva holística, que comprende los cinco sentidos.

Si la condición contemporánea necesita una hiperdefinición de sus aspectos, la vista puede volver a ser un tema de reflexión. Lo borroso, lo desenfocado y lo desmaterializado se configuran como una respuesta a la sociedad de las imágenes y del control. Y la arquitectura puede ser un instrumento de denuncia de ciertos mecanismos.

El clima como concepto político

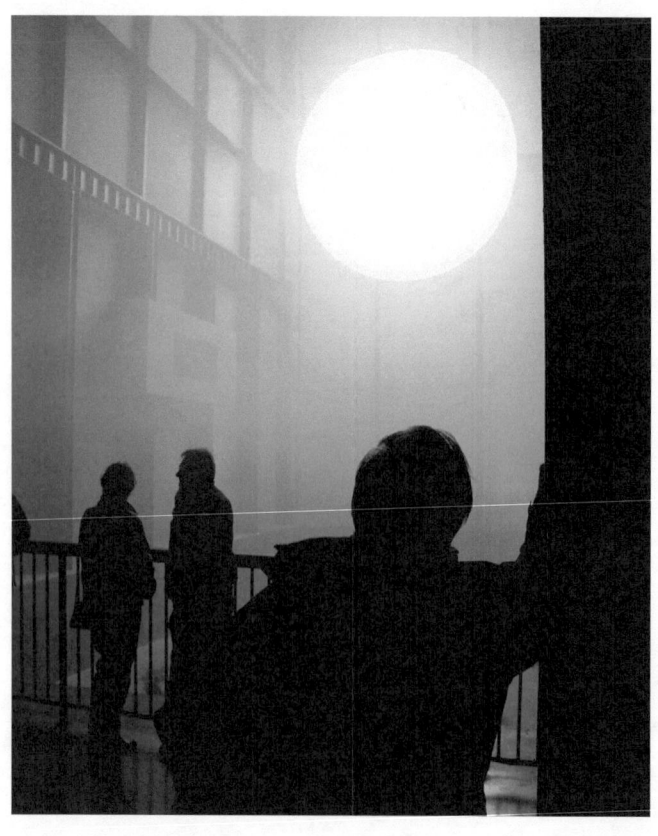

[1] Olafur Eliasson, *The Weather Project*,
Tate Gallery, Londres, Inglaterra, 2003.

En 2003 el artista islandés Olafur Eliasson presenta su instalación *The Weather Project* en la Sala de las Turbinas de la Tate Gallery de Londres [Fig. 1]. Aquí, en ese espacio totalmente vacío —diseñado por los arquitectos Herzog & de Meuron e imaginado como una especie de calle cubierta, lugar de paseo y agregación social— se encuentra una estructura semicircular compuesta por lámparas de mono frecuencia cuya luz emitida se refleja a través de una pantalla-espejo que cubre la totalidad de la sala inundando todo el espacio de luz y simulando la irradiación solar.

Naturaleza, tecnología, color, temperatura: todos estos elementos se funden y contribuyen a construir una atmósfera en la que se desarrollan acciones, sensaciones y gestos humanos. Reproduciendo un entorno en el que lo natural y lo artificial resultan completamente interpenetrados, Eliasson quiere reflexionar sobre la relación entre esferas de acción individual y macroesferas. Si todo tipo de museo es, de alguna forma, una institución cultural ligada a la vida de la ciudad en la que surge, el artista islandés quiere llevar en su interior las dinámicas y las contradicciones de nuestras vidas, incorporando puntos de vista heterogéneos y una multiplicidad de experiencias. Introduciendo, en otras palabras, elementos de inestabilidad dentro de un contexto que metafóricamente sigue las mismas estructuras de la sociedad.

El clima, entonces, sí que puede configurarse como momento de ruptura y desestabilización y puede fomentar una reflexión en torno a los modelos de representación de la sociedad misma. La meteorología va caracterizando y conformando nuestras vidas, define hábitos y comportamientos: adquiere una posición central en la formación de una conciencia colectiva.

Los elementos constituyentes del clima —agua, luz, temperatura, presión— son los materiales que Eliasson va utilizando para describir los aspectos atmosféricos y evanescentes de la naturaleza y su impacto sobre nuestra sensibilidad. En *The Weather Project*, el acto de la percepción es el momento primario y el fin de toda instalación: influenciado por los escritos de Merleau-Ponty en el sentido de que el cuerpo es el elemento central para la comprensión del mundo, Eliasson juega con los conceptos de posición, orientación, y sorpresa. Alterando las condiciones espaciales, produciendo atmósferas y proponiendo una nueva experiencia del espacio expositivo de la Tate, se crea una compenetración entre las ideas de realidad y representación; el papel del artista es desvelar esas conexiones estimulando no sólo los aspectos racionales del conocimiento, sino también los sensibles y perceptivos.

A lo largo del tiempo, el clima ha ido constituyendo una de las principales preocupaciones del ser humano. El hombre ha intentado modificar los procesos climáticos tanto por razones sociales —controlar la contaminación urbana o mejorar las condiciones de vida—, como por necesidades militares: véase los experimentos de *cloud-seeding* llevados a cabo por los norteamericanos durante la guerra de Vietnam (sembrado de nubes realizado con yodo, cuyo objetivo era aumentar o disminuir el nivel de lluvia). Incluso antes de la guerra en Vietnam, el filósofo alemán Peter Sloterdijk resalta cómo el siglo XX empezó con un ataque masivo de gases de cloro, durante la guerra de 1915 entre el ejército alemán y la infantería franco-canadiense. Transformando un conflicto tradicional en una guerra química, los alemanes sorprendieron al enemigo y el día 22 de abril, a las 18 horas, abrieron mil seiscientas botellas de cloro, aprovechando que el viento soplaba en dirección norte-oeste. Las ciento cincuenta toneladas de cloro utilizadas formaron una nube de gas cuyas dimensiones eran impresionantes: seis kilómetros de ancho, y entre seiscientos y novencientos metros de espesor.[19]

Quizá más que cualquier otro elemento, el clima ha influido tanto en la localización de ciudades como en el desarrollo de estrategias urbanas. El clima es parte de nuestros entornos urbanos y viceversa. A partir del clima se pueden analizar y estudiar las ciudades y, al mismo tiempo, la ciudad es una suerte de filtro, elemento de mediación entre nuestros cuerpos y los parámetros climáticos.

El deseo de comprender las fuerzas presentes en la naturaleza y los avances en el campo de la tecnología hacen que la meteorología vaya asumiendo cada vez más una importancia fundamental para nuestra época. Si el *Meteorológica* de Aristóteles fue escrito en 350 a.C. para definir una filosofía de la meteorología fundada en los cuatro elementos primarios —agua, fuego, tierra, aire—, a partir del siglo XVI se abren nuevos escenarios y nuevas perspectivas en el estudio de la relación entre vida y clima: la meteorología empieza a ser una ciencia natural. La invención de instrumentos para medir los parámetros climáticos poco a poco transforma la meteorología en una ciencia popular y abierta a todos. Las naciones modernas experimentan formas de negociación en torno al clima, estipulando acuerdos y estableciendo nuevas normativas; al mismo tiempo va cambiando la relación entre individuo y medio ambiente y con esta emerge una nueva visión de la naturaleza.

La meteorología moderna ha obligado tanto los ciudadanos como los Estados nacionales a adoptar nuevas formas de conversación que Sloterdijk llama conversación climatológica de la situación. Un sistema oficial de información meteorológica, construido por varios Estados, transmite nociones de climatología a naciones enteras, manipulando percepciones y conocimientos. Al describir el clima como representación pura de la naturaleza, los meteorólogos transforman a todos los individuos en comentaristas del clima que se hace tema de discusión al igual que la política u otros asuntos colectivos.

A Peter Sloterdik se le debe reconocer sin duda el mérito de haber ido construyendo una aproximación a la filosofía en la que destaca la importancia de las condiciones atmosféricas para nuestras vidas. Todo su discurso se basa en conceptos como envolventes, esferas, pieles y burbujas. De alguna forma, lo que hace Olafur Eliasson en su obra es simétrico a lo que hace Sloterdijk en el mundo de la filosofía: ambos superan las antiguas oposiciones entre natural y artificial, técnico y orgánico, privado y público, para centrar sus propias atenciones especulativas en las condiciones y constricciones que caracterizan nuestra existencia. En realidad, tanto Sloterdijk como Eliasson exploran nuevas formas de repensar la modernidad: utilizando el conjunto de técnicas proporcionadas por las ciencias, intentan construir una narración inversa. No para dar cuenta de las maravillas del progreso, sino más bien para explorar la naturaleza de aquellos ámbitos en los que sobrevivimos de forma colectiva.

Por eso dichas reflexiones rodean el concepto de clima y de experimento colectivo, de control climático y esferas de acción, para encontrar soluciones que mejoren el espacio en el que vivimos. Con respecto a las analogías entre el filósofo alemán y el artista islandés, Bruno Latour escribe que:

Lo que Peter Sloterdijk en la filosofía meteorológica y Olafur Eliasson en el arte meteorológico intentan hacer es explorar lo que podría llamarse una forma de idea-

lismo completamente nuevo. El idealismo defendía la idea, más bien tonta, de que todo el mundo exterior sólo existía en la mente, elevada así al nivel de un demiurgo omnipotente. Los idealistas se equivocaban en relación con el poder de la mente, por supuesto, pero en algo estaban en lo cierto: las cosas interesantes ocurren en el interior, no en el exterior. Debido a la extensión simultanea de la ciencia y al siempre creciente entrelazamiento de las actividades humanas con las cosas, ya no hay exterior. El interior que queda debe explorarse con gran detalle y gran cautela porque no es una mente ni un mundo exterior, como podría sostener el agotado y viejo argumento moderno, sino más bien una esfera delicada de control climático. Lo que Sloterdijk y Eliasson nos ayudan a todos a descubrir es que hasta la política necesita aire acondicionado.[20]

De alguna forma se va configurando un discurso general que atraviesa el mundo de la arquitectura, y llega al medio ambiente: por un lado, intentando idear un marco de referencia capaz de pensar la política y la ciencia de modo simultáneo; por otro lado, revisando la relación entre estructura y clima, forma y función, y abriendo la arquitectura a la interpretación del ambiente.

Progresivamente, los conocimientos procedentes de los territorios militares y científicos han sido transferidos al campo de la arquitectura. Primero, los grupos radicales de los años sesenta, y, en un segundo momento, el *establishment* académico, empezaron a mirar al clima como un factor decisivo para expresar condiciones formales y programáticas renovadas, libres de los dogmas modernistas. Trabajar con la temperatura, la humedad o la presión ha implicado una aproximación multidisciplinar cuyas consecuencias han ido influenciando tanto las metodologías de trabajo como el proceso de diseño. El debate en torno al cambio climático y a la energía transfiere a la práctica arquitectónica cuestiones fundamentales: la superposición de escalas, la negociación entre diversas profesiones e intereses, la relación entre necesidades medioambientales y decisiones proyectuales, la importancia del tiempo.

Antes de profundizar en el carácter osmótico que va caracterizando la relación entre arquitectura y control climático en los últimos años, resulta necesario enfocar nuestra atención sobre las aproximaciones al tema de la meteorología procedentes del mundo filosófico, explicitando la aportación de filósofos como Sloterdijk y también Griffero, cuyo trabajo ha sido presentado en el capítulo anterior. Si, como hemos visto antes, Peter Sloterdijk introduce la centralidad del pensamiento meteorológico en nuestra sociedad, Tonino Griffero se interesa por la amplia gama de atmósferas que caracterizan nuestro estar en el mundo y que condicionan nuestras acciones. Ambos analizan aquellas membranas o filtros que separan nuestro mundo interior del mundo exterior y que, en cuanto construcciones, devienen en objeto de diseño y de investigación arquitectónica.

Peter Sloterdijk presenta su historia de la humanidad en la trilogía *Esferas*, publicada entre 1998 y 2004. Los tres volúmenes están dedicados a la microesferología (burbujas), macroesferología (globos) y, por último, a la esferología plural (espumas), y tratan de indagar diferentes configuraciones espaciales, desde la primera esfera en la que estamos inmersos —la de la madre—, hasta los espacios más abiertos e inquietantes. La esfera es para Sloterdijk un dispositivo que el hombre utiliza para regular su exposición frente a las cosas; citando sus palabras, las esferas son membranas entre interioridad y exterioridad y entonces medios de todos los medios.[21]

Según Sloterdijk, los hombres vivimos dentro de esferas. Vivir es crear esferas. Vivimos dentro de esferas duales: placenta/feto, madre/niño, pareja de amantes, etc. A través de las ciencias y de la política, el hombre intenta recrear continuamente esas esferas protectoras. Esta es la condición esencial del estar en el mundo: habitamos un espacio íntimo compartido. Para él son las mismas personas, con sus propias relaciones, quienes crean el lugar en el que se encuentran. Las personas pertenecen al aire en el que se sitúan. Cada individuo inspira y expira lo que los demás individuos son; cada individuo sale de sí mismo y penetra en los espacios de los demás.

Al contrario de la tradición griega, basada exclusivamente en la hegemonía de la vista, la filosofía de Sloterdijk no asocia existencia esférica y vista: una esfera es un dispositivo relacional que se mueve entre interior y exterior. Si los hombres viven y actúan en las esferas, estas son, ante todo, puntos de vista, orientaciones del espacio.

Contrariamente a la posición de Sloterdijk, Régis Debray introduce la noción de esferas estéticas para explicar mejor el dominio de la vista. El francés distingue tres tipos de esferas: la *logoesfera*, a la que corresponde la era de los ídolos (del griego *eidolon*, imagen), esta va de la invención de la escritura a la de la prensa. La *grafoesfera*, a la que corresponde la era del arte, que llega hasta la difusión de la televisión. Y la *videoesfera*, a la que corresponde la era de lo visual. Cada esfera define un ámbito de vida y pensamiento, un ecosistema de la visión.[22]

Las posiciones de Sloterdijk, Debray y de Griffero difieren con respecto a la importancia de los sentidos en el acto de percibir: si Debray no cuestiona la hegemonía de la vista y Sloterdijk enfatiza la importancia de lo acústico —lo que él llama espacio interior acústico—,[23] Tonino Griffero propone otro camino: el *sentido oral* (olfato + gusto), el sentido atmosférico por excelencia. En cambio, Griffero y Sloterdijk comparten el mismo interés por el papel constitutivo de las atmósferas en nuestras relaciones y el del diseño como herramienta de control y construcción de esferas.

En el pensamiento del filósofo alemán, diseño y entorno están estrictamente vinculados; representan elementos determinantes en la organización de la sensibilidad contemporánea. El diseño se configura como *air design*, es decir, control de la atmósfera; de esta manera la estética no puede sino ir analizando el diseño climático de personas y grupos en sus espacios característicos. Si el diseño hace posible la explicitación teórica de la climatización, para Sloterdijk existe otro agente de la climatización muy potente: los medios de comunicación de masas. Estos son grandes climatizadores porque climatizan las conciencias de una forma nueva y artificial. En estas consideraciones Sloterdijk se acerca a la teoría termo-estética de los medios elaborada por Marshall McLuhan, quien distinguía entre medios calientes y medios fríos a la hora de describir sus impactos sobre los individuos.[24]

Hasta el arte posee un carácter climatizante. El arte crea atmósferas y la que Walter Benjamin llamaba aura no es más que una atmósfera. Más que una pérdida del aura, lo que ocurre hoy es una recolocación del aura: desde la función privada —que de alguna forma sigue existiendo en la esfera del coleccionismo— a la función pública y comercial. El aura se transforma de una dimensión contemplativa a una espectacular.

Desde esa perspectiva, las teorías de Sloterdijk sobre el carácter constructivo y emocional del diseño casi coinciden con las de Griffero quien, dentro de la reflexión sobre las características atmosféricas, centra su mirada en la relación entre disciplinas artísticas y percepción. Según Griffero, el uso de los materiales, la relación entre luz y sombra, el sistema de iluminación, los procedimientos compositivos para alterar la percepción del espacio: todo esto contribuye a producir una atmósfera y estimular la sensibilidad del usuario.

Para desmetaforizar el discurso en torno a la atmósfera, según Tonino Griffero hay que reconocer su carácter sinestético. La fría atmosfericidad de un ambiente, debida a sus muebles, a sus materiales o a su temperatura no se puede explicar solamente a través del concepto de metáfora: expresa un envolvimiento afectivo y corpóreo, una recepción de datos sensibles, una forma de entender el mundo. Parfraseando a Merleau-Ponty, podríamos decir que la forma de los objetos no es su contorno geométrico, sino su relación con su propia naturaleza y mientras esta habla a la vista, habla a todos nuestros sentidos.[25] Hay algo táctil en toda percepción porque lo que distingue la percepción de otras facultades mentales como el pensamiento, la abstracción o la imaginación, es el hecho de que esta nos permite tocar con las manos lo que el mundo tiene de consistente y perceptible. El acto de tocar determina, de alguna forma, el modo de ser de todo lo que existe.

En la importancia de aquellos procedimientos que estimulen percepciones y reacciones afectivas se inscribe la aproximación al tema de Jean Baudrillard quien, en 1968, con *El sistema de los objetos,* describe el universo de los objetos que nos rodean. Está claro que Baudrillard sigue un modelo más semiótico que atmosférico, pero algunas de sus intuiciones resultan interesantes para la definición del carácter atmosférico del diseño. Por ejemplo, hablando de los diferentes ambientes domésticos y de los objetos que los caracterizan, Baudrillard centra su atención en el uso del espejo y de su distinto significado dependiendo del contexto en que este se sitúa; si el ambiente tradicional campesino ignora de hecho el espejo, el ambiente burgués multiplica su uso y su presencia; el espejo se convierte en sinónimo de redundancia, superfluidad. Multiplicar su propia imagen, jugar con los objetos, permite al burgués establecer su hegemonía social. El diseño, el uso de objetos y colores puede entonces determinar un *status* social y expresar un posicionamiento dentro de la sociedad.

Al revindicar la finalidad del diseño en manipular sentimientos tanto Baudrillard como Sloterdijk y Griffero ponen como centro de sus reflexiones nuestro estar en el mundo; es decir, la relación entre nuestro universo interior y el mundo de las cosas. Que esa relación sea un sistema de signos (Baudrillard), una envolvente (Sloterdijk), o una atmósfera (Griffero), resulta secundario en la aproximación a una teoría estética que reconsidere la importancia del sentir y del cuerpo.

Meteorología
y arquitectura

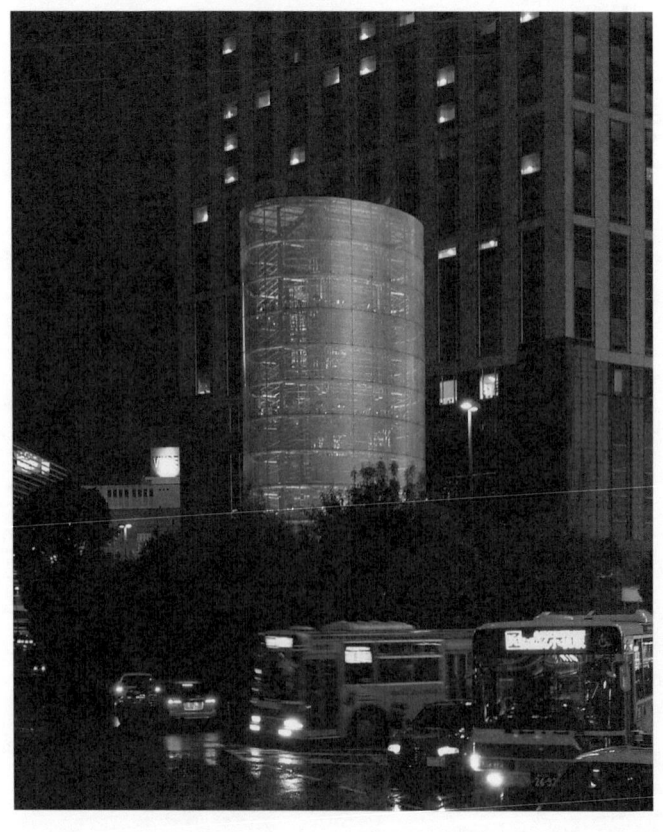

**[1] Toyo Ito, Torre de los Vientos,
Yokohama, Japón, 1986.**

Si bien es cierto que a finales de los años ochenta la preocupación por los parámetros climáticos aún no formaba generalmente parte de las inquietudes de arquitectos y diseñadores, tambien, es innegable que manipular las condiciones físicas y psicológicas de los usuarios y construir atmósferas —según las articulaciones descritas anteriormente— se ha convertido poco a poco en una de las tareas principales de disciplinas como arquitectura, urbanismo, escenografía o diseño industrial.

En particular, como hemos visto antes, Toyo Ito ha ido desarrollando un discurso tanto teórico como programático basado en una aproximación fenomenológica —mejor dicho, atmosférica— a la ciudad contemporánea [Fig. 1]. Detectar el carácter atmosférico de la ciudad significa para Toyo Ito hablar de una particular película transparente que protege las ciudades y las hace más homogéneas:

Todas estas características: homogeneidad, transparencia, fluidez, etc., son las que buscaba la arquitectura moderna a principios de este siglo. Por ejemplo, la homogeneidad está expresada simbólicamente en el concepto del espacio universal

y en la estética de 'less is more' de Mies van der Rohe. [...] Si es así, ¿se puede decir que la estética del Movimiento Moderno se ha conseguido en el espacio urbano basado en el consumo? Ciertamente nuestra ciudad en su conjunto es mucho más homogénea, transparente, fluida, relativa y fragmentada que el mundo de la expresión individual de la arquitectura y el arte.[26]

Considerada como una consecuencia, incluso metafórica, de la sociedad del consumo, la película protectora de la que habla Toyo Ito implica nuevos retos para la arquitectura cuya función es hacerla visible, y relacionarla con las acciones y las necesidades de los individuos. La arquitectura, para Toyo Ito, debe transformarse en un dispositivo fenomenológico que represente la sustanciación de esa película. Es decir, no se trata de que la arquitectura exista como tal fenómeno, sino de que la propia sustancia produzca y garantice los fenómenos.

Si Toyo Ito manifiesta, aunque indirectamente, su interés por las implicaciones arquitectónicas de la noción de atmósfera, hay que decir que las primeras y conscientes reflexiones críticas en torno al tema atmosférico —articulado según el punto de vista del control climático— surgen a mitad de los años sesenta.

En aquellos años, muchas de las propuestas presentadas por grupos como Archigram, Superstudio o Archizoom presuponían el dominio de los parámetros climáticos gracias a las nuevas tecnologías. New Babylon, por ejemplo, utópica ciudad anticapitalista concebida entre 1959 y 1974 por Constant Nieuwenhuys, utiliza la tecnología como herramienta proyectual capaz de realizar un colectivismo experimental en el que cada ciudadano podía crear y modificar su microambiente controlando temperatura, iluminación, ventilación y humedad. Lo que Constant proponía en este proyecto era una sociedad lúdica, contrapuesta a la sociedad utilitarista, donde el ser humano, libre de la obsesión productiva, pudiese desarrollar su creatividad.

En New Babylon la tecnología está aplicada para alcanzar los deseos y las necesidades de la colectividad: el aire acondicionado, por ejemplo, no sólo sirve para recrear un ambiente ideal, sino que se convierte en una forma de juego. La iluminación, la acumulación de energía solar, la temperatura, la ventilación: todos los parámetros climáticos se encuentran bajo el control técnico de cada ciudadano.

Cada uno puede, en cualquier momento, modificar estos parámetros, crear otros nuevos y construir nuevos entornos. De la misma forma, los espacios físicos en los que los New Babylonians viven pueden ir transformándose según los deseos del usuario: a su disposición hay distintos materiales, texturas, colores, elementos con calidades termoacústicas diferentes. A través de la combinación de módulos mínimos, escalas, puentes y pasarelas, cada espacio puede ser conectado a los demás contribuyendo a una vida compartida y colectiva.

En sus visiones futuristas, la propuesta de Constant no era más que una provocación intelectual sobre los límites y las anomalías de la arquitectura de posguerra. En cambio, la primera sistematización histórica y crítica de la cuestión ambiental —con sus repercusiones en las técnicas de proyecto— se debe, sin ninguna duda, a Reyner Banham; de hecho, él fue uno de los primeros en concentrar sus esfuerzos analíticos no sólo en las características espaciales de los edificios, sino también en sus formas de gestión y control de las tecnologías empleadas. En *La arquitectura del entorno bien climatizado* (1969), el historiador británico intenta describir por primera vez un conjunto de episodios arquitectónicos anticipadores de una nueva cultura tecnológica basada en la incorporación de los aspectos meteorológicos. Retomando algunas de las intuiciones introducidas por Sigfried Giedion en *Mechanisation Takes Command* (1950), Banham va analizando el papel de la tecnología y la influencia que esta tuvo en la producción arquitectónica del último siglo, partiendo de algunos episodios prodrómicos de finales del siglo XIX, para llegar a describir la obra de Le Corbusier y otros arquitectos recientes. Su búsqueda de ejemplos virtuosos en la relación entre tecnología y herramientas de proyecto lo lleva a analizar episodios muy poco conocidos, como las casas que dos doctores de Liverpool construyeron en 1860, donde por primera vez se utilizaban sistemas de ventilación y calefacción; o el Royal Victoria Hospital en Belfast (1903), primer ejemplo de edificio complejo que adapta su configuración planimétrica y tectónica a las nuevas innovaciones tecnológicas.

La aproximación de Banham a la cuestión climática resulta interesante en una época de máxima confianza en la tecnología y de optimismo hacia el futuro. Evidenciando al mismo tiempo los radicalismos del Movimiento Moderno y las ambigüedades de la cultura vernácula, Banham intenta atribuir a los arquitectos nuevos retos y nuevas responsabilidades, explicitando la urgencia de políticas y prácticas arquitectónicas atentas al ahorro energético y al control de las condiciones climáticas y presagiando de alguna forma la crisis de 1973 con el surgir de las primeras posiciones ecologistas.

Vinculándose a las posiciones de Richard Buckminster Fuller, cuyas ideas empezaban a difundirse a principios de 1960, el discurso de Banham conllevaba una ambición paralela: reaccionar contra la sintaxis y los objetivos del International Style —que había dominado la arquitectura moderna durante varias décadas— y, al mismo tiempo, repudiar una aproximación disciplinar nostálgica e historicista basada en el elogio de la cultura vernácula. Frente a la oposición entre estas dos posturas —moderno vs. vernáculo— Banham busca otro camino: es consciente de que lo vernáculo puede ser contraproducente cuando se confronta con condiciones extremas y aberrantes. La humedad en las casas inglesas es una de las características principales de la tradición popular, igual que la ventilación no correctamente estudiada. Así que Banham no sólo cuestiona el mensaje funcionalista del Estilo Internacional, sino que al mismo tiempo subraya el carácter *naif*, casi folclórico, de lo vernáculo y pone en duda la acrítica exaltación de muchas de sus características, especialmente relacionadas con la cultura contemporánea. Al analizar obras construidas según tipologías y técnicas vernáculas y comparando estas con muchos episodios del Movimiento Moderno, Banham llega a afirmar que la arquitectura, tal como se enseña, se practica y se entiende generalmente en Occidente, es poco más que un vernáculo campesino caracterizado por ciertas formas santificadas como el arco, la viga, la columna, el muro, etc., y completamente deficiente en las formas de gestión climática.

Incluso los arquitectos como Le Corbusier han ido disfrazando, según Banham, viejas tecnologías estructurales con un nuevo vestido que no garantiza ninguna mejora efectiva en el funcionamiento de un edificio. El elogio de la máquina propuesto por el Movimiento Moderno es, entonces, una operación cosmética, orientada sólo a la sustitución de formas y no de tecnologías. La solución, para Banham, reside en el aparato sintáctico del que se deberá dotar la arquitectura del entorno bien climatizado,[27] vinculado a nuestra cultura y capaz de superar las configuraciones tradicionales. A la hora de presentar algunos de los ejemplos virtuosos de esta relación entre arquitectura y clima, Banham habla sobre todo de la experiencia doméstica americana en la cual, a pesar de las muy poco interesantes manifestaciones tipológicas, se iban aplicando nuevas tecnologías de control climático y nuevas técnicas de gestión. Por ejemplo, Banham cita la arquitectura de Frank Lloyd Wright y de sus contemporáneos en California y parte del análisis del *American Woman's Home* de Catharine Beecher y Harriet Beecher (1869): aquí, en este manual sobre *homemaking,* por primera vez, todo el aparato técnico de la casa aparece condensado en un núcleo central alrededor del cual se van desarrollando distintos ambientes.

En sus Praire Houses, Wright investiga el tema de la climatización buscando soluciones no sólo en la tecnología, sino también en nuevas opciones espaciales. Su problema principal era la calefacción invernal: manteniendo los techos muy bajos, perforando los muros con varias aberturas y ventanas, Wright trata de romper la caja arquitectónica tradicional y transformarla en un elemento orgánico conectado con la naturaleza y el entorno.

Está claro entonces que los problemas climáticos y de meteorología interior afectan también a la forma arquitectónica y a sus variaciones tipológico-distributivas. Wright fue uno de los primeros en detectar la relación entre arquitectura y clima, alcanzando en sus obras un equilibrio difícil: reproducir un interior climático, o una atmósfera, compuesta por innovaciones tecnológicas y soluciones que hoy definiríamos como sostenibles. La conjunción de sistemas artificiales y naturales hace que las Praire Houses constituyan un ejemplo notable. El control de los parámetros climáticos deriva al mismo tiempo de los sistemas de calefacción-ventilación, de un estudio de la iluminación, de la abertura de ventanas en puntos clave y de la organización de los flujos de corriente.

En Europa con Walter Gropius y la Bauhaus, mientras tanto, lámparas y calefactores no eran más que objetos escultóricos por insertar en sus composiciones abstractas según precisas reglas estéticas —véase el proyecto de Gropius para su propio estudio, en 1923— Le Corbusier y sus *machines à habiter* expresaron claramente la incapacidad del Movimiento Moderno para utilizar la tecnología de la forma más adecuada.

A pesar de las múltiples conexiones del arquitecto suizo con el mundo científico, filosófico e industrial de la época, según Banham, Le Corbusier fue incapaz de entender realmente el papel de la tecnología tanto en la arquitectura como en la sociedad.

Proyectos como el Pabellón Suizo y la Cité de Refuge tuvieron enormes problemas térmicos debidos a la orientación; en Villa Savoye el sistema de iluminación indirecta nunca funcionó correctamente. En otros casos, Le Corbusier tuvo que recuperar y reinterpretar temas de la tradición —como los *brise-soleil*— para obviar fallos y errores técnicos. Al mismo tiempo, en oposición a la cultura de lo vernáculo, el mismo Le Corbusier proponía olvidar los inconvenientes del pasado para explotar los beneficios de la ciencia aplicada. Confiando en la interpretación unívoca de las técnicas científicas, el arquitecto suizo iba proponiendo un prototipo válido para todas las naciones y los climas: la casa de respiración exacta.[28] La temperatura a 18°C es fija, independientemente del contexto, y la humedad relativa lo es al estado del tiempo. De esta forma, el régimen de 18°C es para Le Corbusier una especie de sistema arterial, constituido por un subsistema de venas paralelas, que empuja el aire al interior del edificio. Se iba definiendo una visión global, dogmática y universalista del clima que ha sido duramente criticada a lo largo del tiempo por muchos arquitectos.

Por su parte, la actividad crítica de Banham intenta detectar —dentro de lo que se define como Movimiento Moderno— aquellas líneas evolutivas que reconocen la importancia del control climático para nuestras vidas e intentan ofrecer respuestas coherentes. Por eso, a la hora de describir episodios puntuales, Banham elige ejemplos heréticos como las Fábricas Olivetti de Marco Zanuso en Buenos Aires (1957) o los Laboratorios de Louis Kahn en Filadelfia (1957-1965).

Sin embargo, el proceso de construcción de una arquitectura centrada en los aspectos ambientales no depende únicamente de parámetros climáticos y de análisis rigurosos; al contrario, está profundamente ligado al marco macroeconómico de referencia. Nuevas condiciones generales implican nuevos hábitos y nuevos comportamientos; la arquitectura trata de responder a esos estímulos y adaptar su configuración a nuevas exigencias. Por ejemplo, en los años sesenta, los interiores domésticos tenían una temperatura de 23-24°C; tras la crisis energética de 1973, la temperatura interna bajó hasta los 18°C. De alguna forma el clima juega un papel central no sólo en definir soluciones espaciales, sino, sobre todo, en plasmar un estilo de vida. Si la definición material de una arquitectura atmosférica es completamente dependiente de variables sociales, políticas y climáticas, el usuario ya no es un elemento pasivo:

95

se verifica un cambio de una cultura del consumo hacia una ética de la responsabilidad.

Banham ha sido, por lo tanto, un precursor en entender la arquitectura según una perspectiva atmosférico-climática. Muchos años después, el arquitecto suizo Philippe Rahm elabora, con sus obras y escritos, el manifiesto de lo que él mismo define como arquitectura meteorológica.

Al considerar el clima como un concepto dependiente de factores sociales y económicos, el trabajo de Rahm cuestiona la noción moderna de confort —global, unitaria y generalmente considerada a los 21°C— y la remplaza por el análisis atento de las condiciones específicas de cada contexto, en términos de relación entre espacio y cuerpo humano. De esta forma Rahm sustituye la globalización del mensaje modernista por la especificidad de todo tipo de contexto o, mejor dicho, con el *genius loci*. El concepto de confort se convierte entonces en algo contextual, ligado a variables tanto culturales como geográficas. Como veremos en los siguientes capítulos, las propuestas de Rahm dependen de las condiciones meteorológicas y medioambientales: las variaciones de temperatura, la humedad relativa, la iluminación. Su objetivo es llegar a describir los espacios no sólo por sus características físicas, sino más bien por sus atmósferas climáticas para que el usuario pueda ir ocupándolos según sus exigencias y no según tipologías predeterminadas.

Rahm diseña espacios estimulados fisiológicamente, basados en la continuidad entre arquitectura y metabolismo; su trabajo está dirigido a la construcción de una arquitectura endocrina que tiene que ser respirada.

El control climático en el interior de los edificios y el uso de las tecnologías más recientes condicionan las decisiones proyectuales tanto desde el punto de vista de la estructura, del aspecto o de la forma del mismo edificio, como desde el punto de vista de lo que no se ve, es decir, la gestión energética: calefacción, ventilación, iluminación. Controlar estos factores significa trasladar las cuestiones del desarrollo sostenible al territorio de la arquitectura ya que el sector de la edificación representa una de las posibles fuentes de ahorro energético. De esta forma, el clima adquiere connotaciones sociales y políticas y se convierte en uno de los retos fundamentales para la cultura arquitectónica del siglo XXI.

Hablar de cuestiones medioambientales no significa simplemente incorporar —dentro de los procesos contemporáneos de diseño— técnicas y tecnologías sostenibles; ni siquiera implica necesariamente olvidar métodos y sistemas tradicionales. Tener en cuenta tanto los factores climáticos como los productos atmosféricos o naturales con los que convivimos significa, de alguna forma, reconstruir una historia alternativa del pensamiento humano y, en nuestro caso, de la arquitectura. Por esa razón, cuando hablamos de un renovado interés en las cuestiones meteorológicas o climáticas, estamos, ante todo, revisando críticamente la relación entre naturaleza y cultura. En otras palabras, estamos cuestionando las consecuencias que nuestras acciones producen en el entorno. Más que una cuestión de técnicas, hablar de meteorología implica una reflexión metodológica.

Por ejemplo, a partir del siglo XVIII, los efectos de los primeros procesos de industrialización empujaron a arquitectos y a pensadores a elaborar unas reflexiones en torno al tema del humo y de los gases que invadían las ciudades. La dicotomía naturaleza-cultura se manifestaba en todo su dramático vigor. Especialmente en Inglaterra —en los Midlands, por ejemplo, donde la presencia de industrias y fabricas hizo surgir por primera vez reflexiones de este tipo—. Pugin, Ruskin y otros describieron los efectos que los humos iban produciendo sobre el entorno y sobre las arquitecturas. Algunas de estas reflexiones contenían intentos polémicos, orientados a denunciar los peligros de la industrialización y la modificación de las dinámicas sociales. Otras, simplemente, se limitaban a la descripción de una particular condición psicológica y emotiva. La imagen de una ciudad de obeliscos industriales emitiendo humo gradualmente iba sustituyendo a la imagen de la ciudad tradicional. Podríamos decir que la fábrica reemplazaba a la iglesia en cuanto símbolo y motor de una nueva sociedad.

El humo de las fábricas se convirtió en la metáfora de las oportunidades y las ambigüedades de la modernidad. Hasta los años setenta del siglo XX —cuando la crisis energética impuso nuevas reglas de coexistencia— el tema de la contaminación atmosférica, especialmente en la escala urbana, se alejó del centro de interés de muchos arquitectos para convertirse en un tema secundario. Con el surgir de las políticas ambientalistas, el estudio de los efectos que la contaminación del medio ambiente puede producir sobre nuestra salud volvió a ser central. Con respecto al tema del proyecto de arquitectura, cabe destacar cómo reflexiones serias sobre este tema vienen sobre todo del mundo de la conservación y de la restauración.

Trabajar con las pátinas y con las trazas del paso del tiempo sobre un edificio se ha convertido en uno de los temas cruciales del debate disciplinar. En algunos de estos casos las cuestiones ambientales adquieren una connotación más sofisticada y metafórica. Interesante, por ejemplo, puede ser el caso del proyecto de rehabilitación de la Glass House de Philip Johnson (1949), en la que el autor del proyecto, Jorge Otero-Pailos, decidió optar por una línea estratégica peculiar: analizando fotos antiguas de los espacios interiores de la casa, Otero-Pailos se convenció de que el olor de cigarros debía ser un aspecto central en la percepción del proyecto. Por esa razón, a la hora de imaginar una prpuesta de rehabilitación, Otero-Pailos decidió recuperar y reintroducir, dentro de la casa, los olores y los colores producidos por el humo de cigarros. Nuevos paneles de madera impregnados de olor de cigarros se instalaron, con el objetivo de que se pudiesen reproducir las sensaciones y los olores originales.

El mismo Otero-Pailos ha ido trabajando a lo largo del tiempo con otros elementos naturales cuyos efectos pueden alterar el aspecto y la percepción de la arquitectura. A parte el tema del humo, el polvo y el concepto de pátina forman también parte de sus preocupaciones; hablando de cómo el polvo puede afectar a la imagen de arquitectura, y refiriéndose a las reflexiones de Ruskin sobre el tema, Otero-Pailos considera no sólo que el polvo es la manifestación más evidente del paso del tiempo y de cómo todo tipo de material va cambiando, sino que la polución se convierte para Otero en el material moderno por excelencia.

El proyecto para el Westminster Hall de Londres (2016) —un edificio histórico Patrimonio de la Humanidad de la UNESCO, sede de la Cámara de los Lores y los Comunes del Reino Unido— es la culminación de las iteraciones en torno al tema del polvo empezadas por Otero-Pailos años antes en el Palacio Ducal de Venecia (2009). En Londres, interviniendo sobre un monumento construido en 1097, el arquitecto español presenta su idea de restauración: un molde traslúcido de látex se aplica al muro este del edificio. Este molde, de cincuenta metros de largo, se pega a las superficies del edificio de forma líquida y es capaz de absorber todo el polvo y la contaminación que se habían ido acumulando durante siglos. Una vez que el látex se ha secado, esta película se separa del muro y se convierte en una instalación, un muro suspendido, que se instala frente a la pared del monumento como en un dialogo ideal entre lo antiguo y lo nuevo, lo opaco y lo translucido.

El polvo adquiere ahora visibilidad. La contaminación ambiental es material de proyecto, igual que el vidrio o el acero. Lo que distingue el polvo de otros materiales es que no se produce intencionalmente. Ocupando las superficies de los edificios, el polvo transforma la arquitectura según formas no convencionales e inesperadas. El polvo no sólo constituye una capa o un estrato superficial de lectura, sino que ofrece una cierta imagen del objeto de la arquitectura. El polvo es entonces materia y memoria del proyecto.

Máquinas de
la percepción

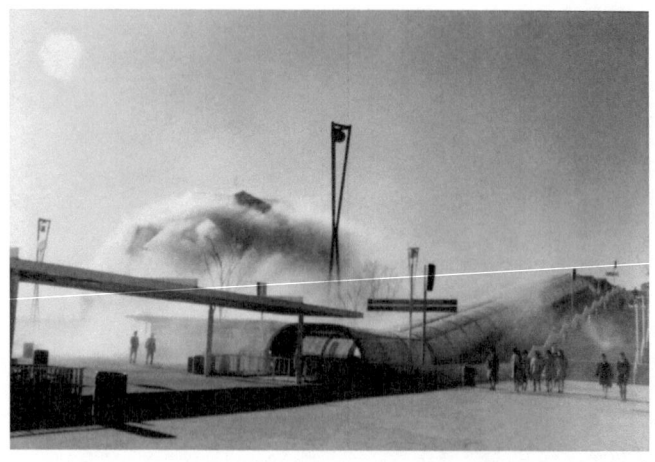

[1] Fujiko Nakaya, *Fog Sculpture* en
Pabellón Pepsi, Expo Osaka, Japón, 1970.

Con ocasión de la Expo de Osaka de 1970, una gran nube envuelve el Pabellón Pepsi, construido por la empresa japonesa Takenaka Komuten. Se trata de la primera escultura de niebla de la entonces joven artista Fujiko Nakaya, cuya fascinación por el agua y la interrelación entre sus estados líquidos, sólidos o gaseosos la lleva a investigar el potencial artístico del entorno atmosférico [Fig. 1]. A partir de esta instalación, Nakaya irá centrando su actividad en la intersección de escultura, entorno y *performance*. Gracias a la colaboración con su padre, un físico de los primeros en estudiar la creación de nieve artificial, Nakaya empieza a investigar las diferencias de temperatura para llegar a definir microclimas específicos en los que estimular experiencias perceptivas distintas. En 1968 la artista japonesa participa en las actividades del EAT (Experiments in Art and Technology), un grupo multidisciplinar fundado en 1966 e interesado en la cooperación entre ciencia y arte. A la hora de trabajar para la Expo de Osaka, Nakaya decide integrar el proyecto existente —el Pabellón Pepsi era, de hecho, una cúpula geodésica constituida por una estructura metálica— con una estrategia estética orientada a la creación de una piel etérea, desmaterializada: una nube artificial que pudiese disimular la cúpula. Con el Pabellón Pepsi, Nakaya crea un entorno que ve al espectador inmerso en una experiencia personal y libre de condicionamientos de uso; el visitante puede recorrer el espacio vacío de la nube y transformarlo de muchas maneras. La distinción entre mirar y ser mirado está, de hecho, anulada y la misma definición de entorno es objeto de un proceso de revisión. Para Nakaya, hablar de entorno significa asumir las influencias mutuas entre individuos y mundo exterior para redescubrir cierto potencial y ciertos valores. Al realizar su escultura de niebla, Nakaya tuvo que estudiar, en primer lugar, las condiciones atmosféricas que producen la niebla y, secundariamente, explorar las distintas técnicas disponibles entonces para reproducirla artificialmente. Por esa razón, la artista japonesa decide colaborar con el físico americano Thomas Mee que había estado trabajando en los procesos de generación de la niebla y de su aplicación industrial y agrícola. Por fin llega a reproducir aquellas características que iba buscando: oscuridad, pérdida de la orientación, baja visibilidad. Compresión y alta presión le permitirán transformar artificialmente el agua en niebla mediante un sistema constituido por pequeñas válvulas. Para Nakaya, nubes y niebla se convierten en un médium, un soporte que puede interaccionar con el entorno y la naturaleza.

Al mismo tiempo, una escultura de niebla es una obra de arte constantemente cambiante; el viento y otros agentes climáticos definen su aspecto y sus características. El Pabellón Pepsi es entonces una máquina que redefine la relación entre arquitectura y percepción construyendo un entorno artificial basado en procesos que son naturales y científicos a la vez. Cambiando nuestra percepción de los espacios de alrededor y reduciendo los niveles de visibilidad, el Pabellón Pepsi invitaba a caminar, sentir y husmear la niebla hasta desaparecer en ella. En realidad, para Nakaya el espacio del Pabellón no es algo vacío, sino un campo potencial por explorar, descubrir, provocar. Sus paisajes de niebla han investigado las condiciones espaciales y su posibilidad de manipulación. Además, mientras que la tradición occidental ha visto siempre en la niebla un elemento perturbador que ofusca la claridad de las cosas, Fujiko Nakaya usa sus nubes artificiales para aclarar relaciones y favorecer un diálogo entre distintos entornos. En otras palabras, las obras de Nakaya demuestran cómo, en un contexto ambiguo, lo ausente, inmaterial e indiscernible forma parte integrante de la performance.

El uso de las tecnologías como médium artístico; la colaboración entre artistas, científicos e industria; el carácter urbano de la propuesta; la incorporación de elementos naturales en las instalaciones; la participación activa de los usuarios, todos estos aspectos caracterizan la escultura de niebla en el Pabellón Pepsi y constituirán el punto de partida para muchas de las manifestaciones artísticas posteriores. Basta con recordar que, en 2002, Fujiko Nakaya trabajó de *design consultant* para el diseño del famoso Blur Building, proyecto-performance del estudio Diller & Scofidio.

De hecho, las instalaciones atmosféricas de Nakaya no representan un caso aislado: membranas, pieles y burbujas ya formaban parte del repertorio formal de la contracultura arquitectónica de los años sesenta. El desarrollo de la ciencias cibernéticas e informáticas permitió la construcción de un rico imaginario colectivo que muchos jóvenes arquitectos trataron de introducir en sus proyectos. Cápsulas y membranas se transformaron en objetos de arquitectura cuya concepción polémica iba expresando, de alguna forma, algo más profundo que una simple rebelión juvenil: en realidad, esas manifestaciones estaban anunciando una nueva época caracterizada por la interpenetración de distintos territorios disciplinares —arquitectura, arte, tecnología de la información, climatología— y, al mismo tiempo, por la disolución de todo tipo de categoría espacial tradicional.

La vanguardia austriaca, por ejemplo —constituida por Coop Himmelbl(l)au, Walter Pichler, Hans Hollein y otros— construyó su mensaje a partir del uso de formas, tipologías e instrumentos procedentes de otros contextos o territorios como el mundo de los astronautas. En Oase no. 7 (1972), del grupo Haus-Rucker-Co, —una esfera parasitaria transparente adosada a un edificio histórico en Kassel— la arquitectura se transforma en una prótesis en la que todo lo que era privado e íntimo ahora es público. La esfera no posee ventanas, puertas o cualquier otro tipo de elementos tradicionales. La que era la privacidad burguesa se convierte en un espectáculo colectivo: polémicamente, empujando la interioridad doméstica hacia el exterior, la idea de sujeto privado está radicalmente negada. Lo privado es público y viceversa [Fig. 2].

Esferas y envolventes espaciales también caracterizan el trabajo de algunos miembros de Archigram, como Peter Cook o Michael Webb, quienes

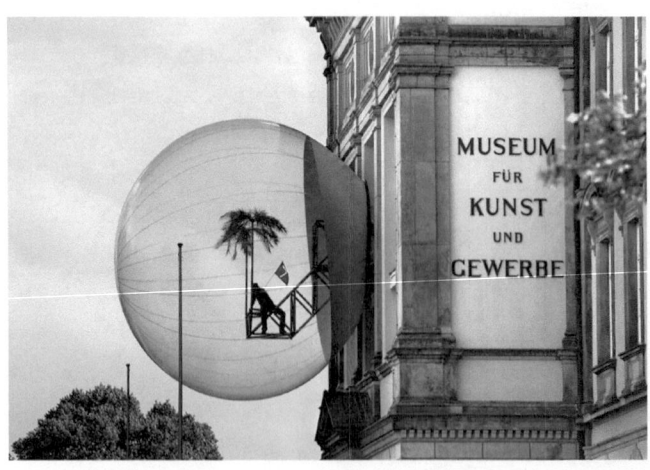

[2] Reproducción de Oase no. 7,
proyecto de Haus-Rucker-Co (1972), en Museum für
Kunst und Gewerbe, Hamburgo, Alemania, 2010.

se dedicaron a estructuras temporales en diferentes escalas. The Cushicle (1964) es un instrumento para reproducir en cualquier momento las condiciones de confort de un ambiente doméstico, una unidad nómada realizada a través de la transformación de un esqueleto metálico en una cama-sofá, con muchas funciones incorporadas (radio, tv, calefacción). Su evolución conceptual será el Suitaloon (1967): una segunda piel, un traje electrónico que reacciona a las solicitaciones del usuario transformándose en una casa mínima. En cambio, el Blow-out Village (1966) es una estructura móvil que se puede utilizar en caso de desastres y emergencia o simplemente para eventos temporales: unos fluidos hidráulicos permiten inflar una gran cúpula dentro de la cual se instalan los módulos habitacionales. Cuando no está en uso, el pueblo móvil se contrae y reduce sus propias dimensiones.

Otro tema interesante en relación con la cuestión del tiempo es el de la cápsula. El término cápsula fue utilizado por primera vez en 1964 por Warren Chalk, cuando en Archigram iban investigando soluciones habitacionales mínimas que podían apilarse e ir acumulándose en un sistema de torre. Al trabajar en la famosa Plug-in City, resultó claro que las cápsulas iban a ser el elemento sintomático de una nueva forma de mirar la arquitectura y la ciudad. Al igual que los metabolistas japoneses, las cápsulas representan unidades prefabricadas, intercambiables y, sobre todo, infinitamente reproducibles. Expresando simbólicamente el carácter nómada de la sociedad moderna, las cápsulas permiten una configuración formal siempre cambiante que evoluciona en múltiples combinaciones y pueden ser agrupadas para definir prototipos varios: una ciudad para Archigram puede contener una acumulación infinita de posibilidades.

Tanto en los proyectos de Archigram como en los de Haus-Rucker-Co, una casa es como un cuerpo: tiene orificios, aberturas, etc. que interactúan continuamente con el entorno en el que surgen. Construir un edificio es como construir una atmósfera en que la forma física (los materiales empleados, las decisiones de proyecto, etc.) es la que provoca efectos efímeros: la emisión de sonido, luz, calor, olor y humedad.

Esta ambición fenomenológica ha sido rechazada durante mucho tiempo a causa de la hegemonía del binomio forma-función: durante su fase heroica, el Movimiento Moderno consideraba el uso de artificios técnicos como algo moralmente sospechoso e indigno de una arquitectura que perseguía la belleza como esplendor de la verdad. Nada debía ocultarse, todo debía ser expuesto a la vista de todos. A pesar de este humus cultural, las vanguardias siempre intentaron reinterpretar los límites tradicionales de la arquitectura más allá de condiciones perceptivas y gravitacionales. Y muchos fueron los arquitectos que pusieron cierto énfasis en lo atmosférico profundizando en la relación entre nuestra percepción y los entornos en los que vivimos: Frank Lloyd Wright, como hemos visto antes, pensaba que una buena atmósfera se iba generando a través de la integración de cada uno de los detalles de un edificio de acuerdo con una única visión. Gottfried Semper, a mediados del siglo pasado, dijo que la auténtica atmósfera del arte era la bruma de las velas de carnaval.[29] Muchos años después, la Ciudad Climatizada, presentada en 1961 por Yves Klein y Claude Parent, es una ciudad constituida por dos grandes esferas, espacios condicionados que acomodan programas residenciales y de trabajo; las dos membranas están separadas por una autopista. Dentro de estas esferas todos los antiguos rituales de socialización, privacidad y confort pierden sentido en favor de una nueva humanidad igualitaria y solidaria.

Hemos hablado anteriormente de Oase no. 7 (1972), una instalación temporal de Haus-Rucker-Co que investiga irónicamente las posibilidades de adaptación del ser humano dentro de una esfera neumática. La intersección entre arte, arquitectura y performance va a ser uno de los aspectos clave para entender el carácter radical de los proyectos y del discurso del colectivo austriaco. Entre 1967 y 1969 Haus-Rucker-Co llevan a cabo un proyecto de investigación —Mind Explorer Program (Programa de Expansión Mental)— cuya finalidad es ampliar los campos perceptivos mediante la creación de envolventes espaciales y la intensificación experiencial. Para ello diseñan una serie de dispositivos individuales y semicolectivos: el Mind Expander II, por ejemplo, es un dispositivo para dos personas que impide la visión horizontal y obliga al usuario a recibir una serie de estímulos basados en *patterns* coloreados y vibraciones. En palabras de Haus-Rucker-Co, el programa tenía como objetivo explorar y dar forma al espacio interno, el de dentro de las propias personas, y desarrollar sus fuerzas psicológico-fisiológicas [Fig. 3].[30]

En realidad este proyecto formaba parte del manifiesto visual que acompañaba el texto *Alles ist*

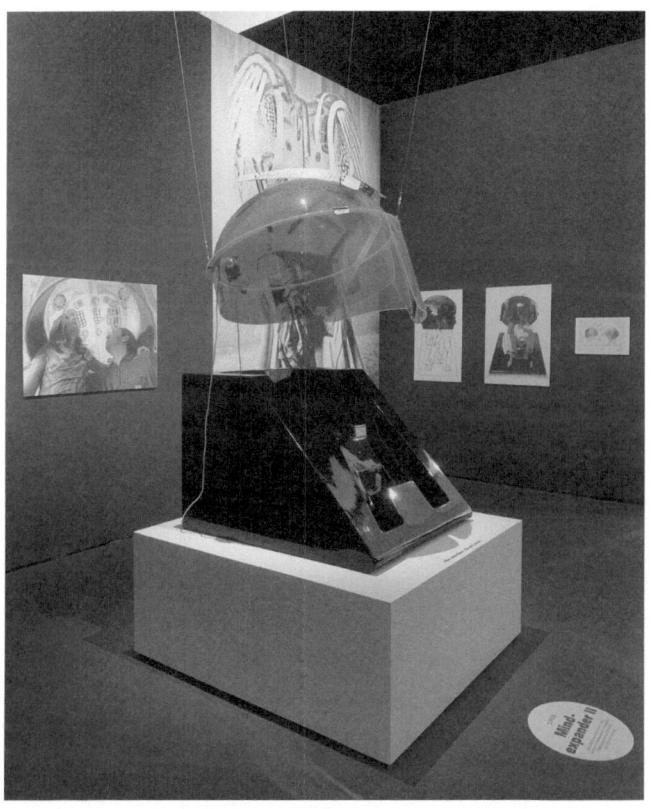

[3] Haus-Rucker-Co, Mind Expander II, 1968.
Exposición *Mind Expanders. Haus-Rucker-Co*,
Kunsthal, Rotterdam, Paises Bajos, 2023.

Architektur, escrito por Hans Hollein en 1968. Este ensayo es uno de los primeros en indagar el carácter atmosférico de la arquitectura, evidenciando la importancia de producir efectos que puedan alterar los estados psicológicos y perceptivos del hombre. Todo es arquitectura porque las nuevas tecnologías y los medios de comunicación permiten redefinir las características del espacio tradicional. Y, principalmente, todo es arquitectura porque todo puede ser asociado e interiorizado dentro del espectro especulativo de la arquitectura, desde el arte hasta la biología. Cuestionando radicalmente su esencia milenaria, así como su translación formal, Hollein, Haus-Rucker-Co y otros iban reescribiendo los contenidos de una nueva agenda arquitectónica.

Al contrario de aquellas manifestaciones pioneras, que se caracterizaban por su carácter radical y provocativo, los episodios contemporáneos expresan una condición distinta: los mismos principios, una vez depurados de sus intenciones polémicas, se han aplicado a la práctica arquitectónica definiendo un proceso de progresiva desmaterialización, un grado cero de la producción disciplinar, tanto estratégico como formal. Una nueva idea de materialidad ha surgido: lejos de la apología de la transparencia propugnada por la arquitectura moderna, esa concepción implica relaciones líquidas, efímeras y a veces invisibles. Incluso el aire, al pasar a través de la retórica higienista de la modernidad, se convierte en un material de construcción: si en el pasado el aire ha tenido cierta importancia en el proceso de acondicionamiento del hábitat humano —en cuanto herramienta performativa para ofrecer confort y bienestar—, recientemente ha ido adquiriendo una connotación concreta, física, capaz de modelar nuevas soluciones espaciales. Podríamos decir que el aire es el material contemporáneo por excelencia.

Al mismo tiempo, trabajar con el aire permite redefinir la idea de imagen en relación con la obra de arquitectura: al igual que otras nociones como superficie, ilusión, teatralidad, etc., la de imagen siempre ha tenido una connotación negativa para la mayor parte de los arquitectos, quizás porque pensaban en la imagen como algo estable, enmarcado, antitético respecto a la naturaleza tridimensional de la arquitectura. Esta idea, como afirma Josep Lluis Mateo, puede remontarse hasta la crítica que hace Platón de la imagen como reflejo de la realidad y, por lo tanto, una mera ilusión, algo secundario o engañoso. En cambio, ahora el concepto de imagen implica

117

una condición inestable, borrosa, evolutiva y modificable. Movimiento, acción, situación: todos estos aspectos pueden ser producidos únicamente a través del recurso a determinadas soluciones de diseño. Y la arquitectura puede negociar entre lo individual y lo colectivo para garantizar la coexistencia de diferentes ámbitos. La forma se hace umbral invisible: una membrana efímera que ya no separa interior y exterior, dentro y fuera, público y privado. Una de las consecuencias directas de esa aproximación a la arquitectura es la que Toyo Ito llama arquitectura de los límites borrosos o *blurring architecture*; no importa si la arquitectura tiene una expresión geométrica u orgánica, lo que es realmente importante es qué tipos de efectos puede producir.

Centrarse en el conjunto de arquitecturas que en los últimos años han ido profundizando en estas reflexiones conlleva dos consecuencias: en primer lugar, significa tener en cuenta, más que las características físicas de los edificios, los efectos que estos producen desde un punto de vista perceptivo y, en segundo lugar, significa desplazar el enfoque de nuestro interés desde el arquitecto al usuario que deja de ser un espectador pasivo y empieza a modelar activamente el espacio que lo rodea según sus aspiraciones. Yendo más allá de sus implicaciones tectónicas o estereométricas —que han caracterizado el territorio de la arquitectura desde siempre— un nuevo tipo de máquina se va definiendo: no es una máquina industrial, como fue imaginada por el Movimiento Moderno, sino que más bien es una máquina capaz de producir, alterar y estimular la percepción. La compenetración entre aspectos psicológico-neuronales y otros propiamente compositivos define una nueva forma de interfaz: las máquinas de la percepción.

Antes que nada, las máquinas de la percepción reinterpretan las instancias radicales de las superestructuras de los años sesenta en la idea de colonizar un espacio fijo y estable con muchos otros elementos móviles y efímeros. En este sentido, véanse las superficies imaginarias de Superstudio (1971), soportes sin delimitaciones físicas, mallas tecnológicas capaces de reproducir microambientes artificiales, en las que:

La membrana divisoria entre interior y exterior se hace cada vez más sutil. El paso siguiente será la desaparición de esa membrana y el control del ambiente por

medio de energías (filtros de aire, barreras de agua fría o caliente, etc.).[31]

Véase, también, la gran cubierta tecnológica del Festival Plaza, diseñada por Arata Isozaki con ocasión de la Expo de Osaka de 1970. Este proyecto fue probablemente el elemento simbólico más fuerte de la Expo. Funcionaba como un gran paraguas bajo el que se encontraban distintas funciones: Isozaki diseñó dos robots informativos y su colega Kurokawa las cápsulas donde algunos arquitectos invitados iban a exponer sus trabajos. Isozaki hizo de una plaza una tecnoutopía, un espacio *high-tech* para eventos temporales; de alguna forma el Festival Plaza es un monumento invisible, una estructura que no sigue los modelos de monumentalidad y retórica típicos de las exposiciones universales. El Festival Plaza fue un contenedor temporal, diseñado para celebrar la hegemonía de la información sobre la materia; a través de la intensificación del cruce de personas, datos y flujos, el Festival Plaza pretendía coordinar arquitectura y movimiento. Bajo la generosa cubierta (29.170 m^2), se encontraban colgadas once cápsulas con varios proyectos: entre otros, Archigram con Dissolving City, una *instant city* pensada para discutir sobre el futuro de las ciudades; Yona Fried-man con Ring City; Giancarlo De Carlo con Parti-cipation City, una reflexión sobre la relación entre ciudadano y espacio público. Hans Hollein realizó algunas visiones de una hipotética ciudad del futuro hecha de cápsulas habitacionales. A los arquitectos occidentales se sumaban las propuestas de los japo-neses como Kishō Kurokawa con sus Capsules for Living o Fumihiko Maki con Network City. Isozaki completó su proyecto con dos robots que iban enri-queciendo la oferta programática del Festival Plaza: aparatos equipados con luces, sonidos e informacio-nes sobre los eventos de la Exposición.

Contrariamente a los proyectos de Superstudio y de Isozaki, las máquinas de la percepción contem-poráneas se hacen poco a poco más frágiles, efíme-ras y desmaterializadas hasta alcanzar un carácter etéreo e invisible. Las máquinas de la percepción buscan nuevas experiencias en el espacio intangible a través de juegos de luz, reflejos y transparencias; espacios definidos por una nueva idea de materiali-dad, borrosa en sus límites, y diluida en el entorno.

En segundo lugar, en las máquinas de la percep-ción es difícil separar al usuario, con sus sensaciones, del entorno en el que se mueve; desde un punto de vista programático, el espacio se llena de eventos, de acciones y movimientos que están sometidos a unas lógicas de compromiso colectivo. El espacio físico es inseparable del espacio social, es decir, el de las relaciones entre lugares e individuos. Y la arquitectura, con su carga emocional y de negociación entre lo individual y lo colectivo, es la condición necesaria para que se realice aquella cohabitación de esferas de distintas escalas de las que habla Peter Sloterdijk. Según el filósofo alemán, las esferas son medios: membranas ontológicas entre mundos distintos. Ofrecen la oportunidad de domesticar, de interiorizar un entorno, de transformarlo a su favor. Al igual que en las traducciones espaciales de Fujiko Nakaya, una esfera es un elemento de intermediación, entre aquí y allí, entre interior y exterior. El proyecto de arquitectura se convierte entonces en un dispositivo que construye esferas dentro de otras esferas. Entrar significa pasar de una esfera a otra. Dicho en otros términos, la arquitectura aparece en la relación entre esferas, en la mediación entre distintos entornos.

No cabe duda de que Yves Klein fue una de las principales fuentes de inspiración para el estudio Diller & Scofidio (+ Renfro), cuya aproximación a la arquitectura desde una perspectiva prevalentemente artística ha producido ejemplos relevantes de máquinas de la percepción. A lo largo de su carrera, más que trabajar en esquemas teóricos internos a la disciplina, los arquitectos americanos han siempre considerado ventajoso pensar en términos generales —de disciplina cultural— donde caben tanto la arquitectura como el arte, la ciencia, etc. En lugar de la autonomía de la arquitectura, Diller & Scofidio prefieren la idea de integración total.

Ya en sus primeras instalaciones, los norteamericanos piensan el espacio en términos temporales: tiempo y movimiento son los vectores que constituyen el esqueleto metodológico de su obra. En vez de configurar espacios, la arquitectura crea acontecimientos, eventos, porque se relaciona con la percepción, el uso, el cuerpo de las personas. En el proyecto Bad Press: Dissident Houseworks Series (1993), por ejemplo, Diller & Scofidio profundizan en la relación entre cuerpo y función: entre lo que es funcional y lo que ellos llaman disfuncional. El acto de planchar se convierte en el pretexto para reflexionar sobre los modelos de eficiencia típicos de la sociedad fordista y de los cambios producidos en la época postindustrial. ¿Puede existir una estética sin eficiencia?

Otra instalación emblemática para entender el interés de Diller & Scofidio por los temas de la percepción es el proyecto Moving Target, presentado en Charleroi en 1996, donde se montó un espejo inclinado a 45° encima del palco para reflejar lo que iba ocurriendo abajo durante la performance. El público podía ver el espectáculo según dos perspectivas distintas: una ligada al tradicional concepto de *proscenium*; la otra, provocada por el espejo, ligada al *interscenium*. De esta forma se iban creando dos microespacios, dos atmósferas, dos registros perceptivos distintos que dialogan entre ellos y establecen nuevas conexiones visuales y ópticas.

En 2002, Diller & Scofidio transfieren las reflexiones producidas a lo largo de los años en un proyecto aparentemente más arquitectónico —el Blur Building— en el que cuestionan el concepto tradicional de percepción con respecto a los mecanismos típicos de la vista en las sociedades capitalistas. Si la arquitectura, desde siempre, ha estado vinculada a las ideas de permanencia, estabilidad y monumentalidad, el proyecto de Diller & Scofidio, en cambio, se define a partir del material menos permanente: el agua. Aquí se construye una atmósfera, un mecanismo efímero de experimentación sobre cómo la arquitectura se relaciona con el espectáculo.

Más que como un edificio, podríamos definir el Blur Building como un dispositivo capaz de estimular las percepciones psicológicas y sensoriales del visitante. Lo virtual y lo digital introducen una nueva dimensión interpretativa: una interacción física y emotiva holística que comprende los cinco sentidos. Todo el proceso de diseño del Blur Building consiste en la constitución de una experiencia; acceder al edificio significa entrar en un medio sin forma, sin características, sin profundidad, sin escala, sin masa, sin superficie, sin dimensión.

Basado en un diseño de 1950 de Richard Buckminster Fuller, el Blur Building es un pabellón temporal construido en el lago Neuchâtel para la Expo Suiza de 2002. El Blur Building es una construcción ligera sobre pilares de cien metros de longitud, con sesenta y cinco metros de ancho y veinticinco metros de alto, que puede acomodar a cuatrocientos personas; esa estructura queda totalmente inmersa en una niebla artificial producida por un sistema de tuberías con 31.400 boquillas y capaz de alcanzar veinticuatro kilómetros de longitud. La niebla que rodea la estructura metálica es un espacio denso que

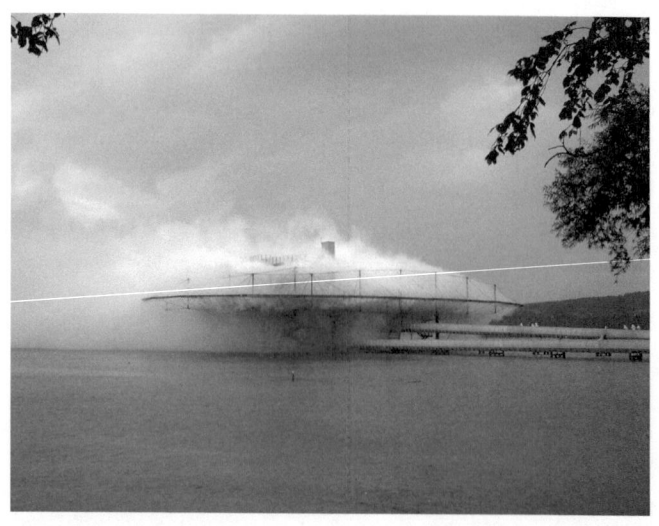

[4] Diller & Scofidio (+ Renfro), Blur Building, Expo 2002, Yverdon-les-Bains, Suiza.

envuelve al visitante y le impide distinguir interior y exterior, dentro y fuera. El agua vaporizada hace que hombre y espacio se asimilen recíprocamente fusionándose con el entorno [Fig. 4].

El Blur Building se convierte en una experiencia multisensorial: una pasarela lo separa de la orilla y, a medida que se avanza, los efectos de la niebla aumentan y se van perdiendo las referencias del lugar. Gracias a un sistema de rampas, los visitantes entran a un café efímero, un bar donde sólo se sirven aguas minerales, un restaurante de sushi parcialmente sumergido y, finalmente, a las áreas expositivas. No hay caminos y rutas predefinidas: el público puede desplazarse libremente, sin vínculos. Si desde fuera la niebla posee un fuerte carácter icónico, en el interior se borra cualquier tipo de referencia. Esta membrana en forma de niebla produce una interrupción visual que genera dificultades en el movimiento y en la navegación; el visitante está obligado a repensar los tradicionales mecanismos del espectáculo. No hay solamente ósmosis entre usuario, arquitectura y materiales, sino que se verifica una compenetración total que impide destacar límites y distancias. Desde un punto de vista conceptual y físico, el pabellón desaparece; lo que queda, al fin y al cabo, es la participación emocional de los usuarios. Si *blur* en inglés significa desenfocado, borroso, indefinido, lo que Diller & Scofidio buscan en el pabellón es investigar las nociones de percepción y sensorialidad. La percepción de su nube es imprecisa, carece de una geometría definida y clara: su arquitectura es impalpable, etérea, flotante. En una palabra: sensorial, porque está vinculada más a la esfera de la sensibilidad que a una definición del objeto. En ese proyecto forma, plantas y estructuras son completamente irrelevantes. Paralelamente, la privación sensorial, la pérdida de referencias y orientación empujan al visitante a desarrollar su propia percepción, y activar nuevas formas de relaciones.

Una estación meteorológica incorporada al pabellón va controlando temperatura, humedad, viento y otros parámetros; la emisión de niebla se modifica continuamente en respuesta a las cambiantes condiciones climáticas. Antes de entrar en la nube, cada visitante rellena un cuestionario relativo a su carácter y su personalidad y recibe un impermeable inteligente, programado según las respuestas dadas; de esta manera se va construyendo, en tiempo real un *tracking* de los movimientos de los usuarios y un intercambio de informaciones con el pabellón. En el Blur Building se pueden crear distintas perturbaciones climáticas: turbulencias internas, densidad extrema de niebla, áreas transparentes, lluvia, nieve. La niebla es dinámica, una masa en continuo cambio de forma. Al cambiar las condiciones climáticas, cambian los comportamientos de los usuarios.

El Blur Building es, entonces, también un clima artificial que promueve la dispersión de los visitantes en su interior obligándolos a una experiencia individual e íntima. Poco a poco, la continua estimulación visual crea un efecto desensibilizador: cuantos más estímulos reciben nuestros ojos, menos vemos. Lo borroso es una respuesta al ruido visual. Dentro del Blur Building las coordenadas perceptivas se desenfocan, induciéndonos, en un contexto donde la vista es desactivada, a una reflexión profunda sobre la forma de relacionarnos con el mundo de las cosas. Al mismo tiempo, el uso los impermeables, que son iguales para todos los visitantes, genera también una condición difusa de anonimato en el que será difícil distinguir analogías y diferencias.

Al plantear un diálogo constante entre lo artificial y los parámetros climáticos, el Blur Building profundiza en otro aspecto complementario: siendo el pabellón originalmente diseñado para una Expo, cuestiona el papel general de las exposiciones universales en la cultura contemporánea. De hecho, el Blur Building es una máquina de la percepción donde no hay nada que ver o visitar. No hay mensaje educativo o de entretenimiento:

> **Nuestro objetivo era revisar las convenciones ligadas a las Expo y a sus pabellones como herramienta de exaltación del nacionalismo. Al mismo tiempo queríamos cuestionar también la ecuación progreso-tecnología. El Blur Building es un edificio donde no hay nada que ver y nada que hacer.[32]**

Por definición, el arte es producción de visibilidades: toda labor artística es creada para ser vista. Y si una obra de arte no revela su diferencia y diversidad respecto a su contexto, desaparece. Además, nuestra vista está definida según una relación entre fondo y figura: el carácter de ajenidad y diferencia de una obra de arte en relación con su contexto es, entonces, una condición formal de su visibilidad. Si la civilización contemporánea se queda atrapada por la calidad y claridad de la imagen —al punto de considerar lo borroso como algo peligroso y que nos provoca dudas— Diller & Scofidio cuestionan estos prejuicios revindicando la centralidad de la percepción individual y de la libertad de movimiento; al mismo tiempo, ponen en discusión aquellos mismos principios que iban regulando la disciplina arquitectónica desde siempre: dicotomías como interior/exterior, cerca/lejos ya no tienen sentido. Mientras que la condición contemporánea necesita una hiperdefinición de sus aspectos, la vista puede volver a ser un tema de reflexión. Lo borroso, lo desenfocado, lo desmaterializado se configuran como una respuesta a la sociedad de las imágenes y del control. Y la arquitectura puede ser un instrumento de denuncia de ciertos mecanismos.

El aire constituye el principal elemento de proyecto también para el arquitecto japonés Tetsuo Kondo que, junto con el estudio alemán Transsolar, ha presentado en la Bienal de Venecia de 2010 el proyecto Cloudscapes.

Esta instalación cierra idealmente el discurso sobre las esculturas de niebla empezado con el Pabellón Pepsi en 1970, resumiendo de alguna forma todas las aportaciones en torno al tema desarrolladas a lo largo del tiempo. Al igual que en las obras de Fujiko Nakaya o en el Blur Building, aquí una nube muy densa rodea y engloba una estructura metálica, una doble rampa que permite el movimiento en el interior de la nube; al mismo tiempo la nube no es sólo una esfera que media entre nuestro cuerpo y el mundo exterior, sino que implica una condición aún más transitoria y nos invita a una experiencia más compleja. Lo que distingue Cloudscapes de otros proyectos análogos es que, usando diferentes gradientes de temperatura y presión, la propuesta se compone de tres estratos distintos de aire —aire frío, aire húmedo y aire seco en la cima— a los que corresponden tres microclimas. Se va creando una suerte de secuencialidad perceptiva que guía a los usuarios a través de esa masa informe de vapor. Gracias a las rampas, se puede entrar dentro de la nube, cruzarla, y pasar por encima de ella. Mientras el Blur Building proponía una masa homogénea y unificadora en su aspecto, Cloudscapes trabaja en la definición simultánea de tres atmósferas diferentes y no basa su mensaje conceptual únicamente en las alteraciones visuales producidas por la niebla. El diálogo entre individuo y espacio no puede manifestarse solamente a través de la vista, sino que incluye todo el cuerpo y sus sensaciones. En las instalaciones de Kondo + Transsolar el usuario puede sentir y tocar la nube a través de una experiencia holística que revindica el protagonismo de todos los sentidos, la necesidad de un contacto háptico con el mundo.

No cabe duda de que las máquinas de la percepción no se definen únicamente a partir de su material de construcción —el aire, como hemos analizado antes—. Es posible también detectar otros ejemplos de dispositivos en los que la relación entre percepción y arquitectura se articula de una forma distinta, cuya concreción formal no es necesariamente evanescente como en el caso de los *cloud-scapes*.

Imprescindible resulta el trabajo de Arata Isozaki cuyas aportaciones se han centrado muy a menudo en la influencia que la tecnología puede ejercer sobre nuestras vidas. Como ya hemos visto en las páginas anteriores, Isozaki fue uno de los principales colaboradores de Kenzo Tange durante la organización de la Expo de Osaka 70. Bajo su supervisión participó en el diseño del *masterplan* general y, sobre todo, ideó el programa de actividades de la plaza central. La llamada Festival Plaza fue la primera de las ocasiones en las que el joven Isozaki pudo experimentar sus ideas sobre una arquitectura participativa en la que, gracias al uso de robots y otros dispositivos mecánicos, fuese posible controlar y manipular la tecnología según una finalidad humanista. En Osaka, Isozaki intenta explotar el potencial de una arquitectura efímera en lugar de una forma construida sólida. Lo que quería alcanzar era un ambiente cibernético, controlado por una *soft architecture*, en el que los ordenadores hubieran controlado luz, flujos, y sonidos. A través del uso de medios tecnológicos sofisticados, Isozaki imaginaba espacios arquitectónicos y urbanos que provocasen en el individuo una experiencia global, estratificada. En sus reflexiones, el arquitecto japonés imaginaba que:

Los espacios urbanos y los espacios arquitectónicos futuros adquirirán las siguientes características: 1) todo tipo de entorno estará englobado por una membrana protectora para preservar determinadas condiciones de equilibrio; 2) los espacios serán intercambiables; 3) el entorno incluirá una amplia variedad de instalaciones móviles; 4) se desarrollará un sistema hombre-máquina; 5) ese sistema tendrá un canal automático de feedback. Aunque, en la ciudad del futuro, el valor

de la mirada humana irá disminuyendo, en cambio los cincos sentidos estarán más estimulados que en la ciudad de hoy. [...] En el futuro, las megaestructuras arquitectónicas aparecerán en todo el mundo. Crearán el tejido de la ciudad, estimularán nuevas formas de vida. La ciudad será un espacio para la transmisión de varios procesos de comunicación e información; un caleidoscopio de colores, refracciones y reflexiones fragmentadas.[33]

Progresivamente la orgia tecnológica que sumergió a los arquitectos japoneses entre 1960 y 1970 va perdiendo su fuerza; Isozaki empieza a indagar el potencial perceptivo y casi escenográfico de la arquitectura para producir efectos desde otra perspectiva: es el caso del Concert Hall diseñado para el Festival Akiyoshidai en Shūhō y pensado para el *Prometeo* de Luigi Nono (1995). En este proyecto Isozaki tiene que enfrentarse con la tipología tradicional de la sala de conciertos y, al mismo tiempo, con las nuevas exigencias de fruición sonora impuestas por el carácter experimental de la composición. Por esa razón, el arquitecto japonés, partiendo de una comparación con la Filarmónica de Berlín, llega a postular su idea de archipiélago sonoro. Para Isozaki las salas de concierto modernas representan la evolución de un arquetipo tanto funcional como performativo de hace doscientos años: están diseñadas para satisfacer las exigencias musicales de aquella época, es decir el romanticismo. La Filarmónica de Berlín de Hans Scharoun, por ejemplo, es el reflejo de otra sociedad y de otras relaciones entre poder (en este caso la música) e individuo: el proyecto está pensado, originado y controlado a partir de un punto fijo. De alguna forma su organización espacial es igual a la de un panóptico. El flujo invisible del sonido va del palco hacia los asientos de forma unidireccional. Todo el espacio está diseñado para estar gobernado a partir del palco.

Al revés, el *Prometeo* de Nono se basa en un esquema espacial bastante diferente al de los halls modernos y al panóptico de Scharoun. La orquestra está dividida en cuatro grupos —coro, solistas, músicos, percusionistas— situados en posiciones distintas. Hay dos directores y un grupo operativo controlando con el ordenador las dinámicas acústicas. El panóptico está disuelto. Cuatro islas con cuatro palcos flotan en el aire. Cada isla es un espacio autónomo, pero su existencia depende de la de las demás islas. En el diseño general no hay centro. El Concert Hall es entonces un archipiélago constituido por islas con diferentes características espaciales y perceptivas, capaz de generar efectos sonoros únicos. Los sonidos emitidos por las distintas islas están modulados por el ordenador y amplificados, interfiriendo entre ellos y creando un *mix* en tres dimensiones. Mientras que las salas de conciertos modernas intentan distribuir el sonido de modo uniforme hacia el público, en el *Prometeo* de Nono la intención es la de crear un espacio en el que los sonidos pudieran fluir heterogéneamente.

Para volver a consideraciones más generales, podríamos afirmar en conclusión que el interés arquitectónico en atmósferas, esferas y membranas se ha convertido —especialmente en los últimos años— en una suerte de apología de la nube: nube entendida como vacuidad física y simbólica que implica libertad de uso y liquidez de relaciones.

Al mismo tiempo, como bien ha sido descrito por Sanford Kwinter, el concepto de nube tiene sobre todo una matriz filosófica cuyo origen viene de las teorías de Karl Popper sobre el concepto de indeterminación en la física cuántica.[34] Al trasladar dichas reflexiones a las realidades sociales, Popper estaba afirmando que ya no era posible mirar a la historia como un proceso cronológico, estable y lineal. Los espacios que habitamos son la respuesta directa a una condición más amplia que tiene que ver con configuraciones fuera del equilibrio, campos morfogenéticos, sistemas autoorganizados. Consecuentemente, el espacio funciona como un organismo vivo según un proceso imprevisible. Su diseño va adoptando modelos explicativos de tipo biológico. O, en otras palabras, puede ser descrito en términos de control elástico.

Arquitecturas
convectivas

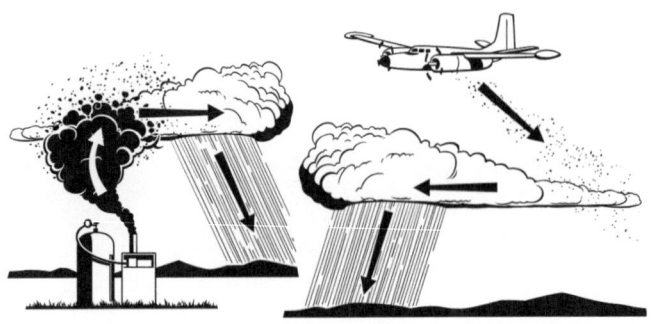

[1] Ejemplos de *cloud-seeding*.

Una vez traducido en formas arquitectónicas, el concepto de nube ha ido perdiendo mucho de su potencial interés: además de los proyectos anteriormente presentados —que han permitido levantar una serie de cuestiones que van más allá de estereotipos formales— es cierto que en los últimos años la difusión del *cloud-scape* como fenómeno arquitectónico ha provocado una banalización general del debate sobre esferas y atmósferas, reduciendo este a una aproximación meramente icónica. Paralelamente a la difusión de esa paranoia de la nube, parte del discurso disciplinar ha ido centrando su atención en la meteorología y su influencia sobre nuestros comportamientos: la arquitectura sigue ahora la fisiología y el clima se convierte en una premisa metodológica necesaria para experimentar nuevas configuraciones formales.

Como ha sido visto en el capítulo 2, a lo largo de los siglos la humanidad ha explorado muchas veces la posibilidad de manipular las condiciones macroclimáticas de su entorno, reorientando el orden natural para alcanzar objetivos de carácter diferente: controlar la contaminación de las ciudades, mejorar las condiciones de vida, ganar al enemigo durante una guerra, etcétera [Fig. 1].

Más allá de sus aplicaciones en ámbito militar, la preocupación por gestionar los aspectos climáticos y hacerlos favorables para el desarrollo de la vida humana siempre ha estado presente, también en el trabajo de los arquitectos, a pesar de la escasez de los medios tecnológicos y de la falta de conocimientos específicos de climatología. Trabajar con temperatura, humedad, presión significa trabajar también con la biología y con el cuerpo de las personas. Uno de los principales retos de la arquitectura moderna fue, por ejemplo, garantizar un aire sano y un soleamiento adecuado para luchar contra enfermedades como la tuberculosis. De estas necesidades viene el sanatorio, con sus ventanas expuestas al sur, sus balcones, y su aspecto higienista: blanco, aséptico, funcional. Durante muchos años epidemias y enfermedades han sido el núcleo central del trabajo de ingenieros y especialistas: a finales del siglo XIX, tanto en América como en Europa, el objetivo era reducir los efectos del calor producido por los usuarios y controlar productividad, confort y la aparición de riesgos epidémicos. Si al principio los esfuerzos de ingenieros y arquitectos estaban enfocados en la purificación de los interiores arquitectónicos —según una lógica únicamente sanitaria—, en un segundo momento el Movimiento Moderno ha ido centrando su atención en la manera en que los usuarios pueden ocupar la arquitectura: se introduce el concepto de circulación. Como ha expresado Adrian Forty, antes que nada, la idea de circulación ha representado en el paradigma moderno una metáfora que conectaba los movimientos naturales de los fluidos al movimiento de las personas dentro de un espacio.[35] En realidad, el concepto de higiene propugnado por el Movimiento Moderno conllevaba también intenciones simbólicas y políticas; la arquitectura tenía que construir nuevos modelos de existencia para una sociedad renovada. Y, especialmente durante las dictaduras del siglo XX, la acumulación de cuerpos individuales iba formando una masa indistinta e inestable que tenía que ser gobernada. Al presentar su proyecto para la Casa del Fascio de Como (1932-1936), por ejemplo, Giuseppe Terragni prepara unos esquemas en los que va analizando todos los posibles escenarios de ocupación del espacio del edificio según las distintas horas del día y las distintas actividades.

La relación entre arquitectura y clima puede adquirir también connotaciones utópicas y surrealistas. En el caso de Cloud Nine (1958) o en el Dome over Manhattan (1960), por ejemplo, Buckminster Fuller imaginaba que una enorme cúpula geodésica de las dimensiones de una ciudad entera pudiera calentarse a través del calor humano y empezar a flotar. La agrupación de miles de personas hubiera podido calentar y desplazar una ciudad. Personas, estructuras y atmósferas se funden. El resultado es, para Buckminster Fuller, una obra de ingeniería colectiva en la que el concepto mismo de colectivo forma parte del sistema atmosférico terrestre.

En otros casos, el control de los parámetros climáticos forma parte de reflexiones más amplias, ligadas a una reinterpretación de la idea convencional de confort según una perspectiva antiperformativa. Richard Neutra —uno de los arquitectos más ligados a la sintaxis moderna— empezó pronto a explorar nuevos territorios en la búsqueda de una alianza entre entorno y psicología; a lo largo de su carrera, Neutra trató de integrar su lenguaje formal con una teoría orgánica de la vivienda basada en la satisfacción de los sentidos según la definición de estereognosia, es, decir aquella coordinación sensorial capaz de responder a las necesidades neurológicas. Al crear esferas de acción para el desarrollo de actividades humanas, el arquitecto, igual que un doctor, debe satisfacer esas necesidades gracias a la estimulación de los propioceptores. Para alcanzar un equilibrio neuronal, tiene que controlar los parámetros climáticos, favorecer un nivel de confort adecuado y buscar especificas soluciones formales. En el caso de Neutra, él utilizó de un ovoide, recordando la experiencia prenatal de la protección de agentes externos.

El arquitecto japonés Kiyonori Kikutake y los metabolistas comparten con Neutra la atención hacia los aspectos biológicos del ser humano: el equilibrio homeostático se convierte en el objetivo a alcanzar en proyectos como Marine City (1958-1960).

El giro termodinámico, los nuevos avances en las neurociencias, el intercambio de datos, las manifestaciones arquitectónicas más recientes expresan cierto interés en la interconexión entre temas medioambientales y sus repercusiones formales. El trabajo de Ábalos + Sentkiewicz trata de llevar la cuestión termodinámica a una escala de intervención urbana, llegando a definir precisas tipologías arquitectónicas —los parques verticales, por ejemplo— y explorando continuamente la relación entre infraestructura y energía. Los proyectos del estudio madrileño proponen dispositivos arquitectónicos capaces de generar, procesar y distribuir energía, reduciendo el impacto ambiental sobre nuestro entorno. Todas sus propuestas se caracterizan por procesos de diseño integrado que incluyen estudios climáticos muy atentos donde se van analizando todos aquellos elementos que afectan el proyecto: temperatura, humedad, radiación solar, dirección de los vientos, variables higrométricas. Estos aspectos determinan la imagen del edificio, incorporándose en las lógicas tectónicas y funcionales; contrariamente a muchos ejemplos *high-tech* —en los que las soluciones técnicas y tecnológicas eran exhibidas con cierto poder evocativo— en los proyectos de Ábalos + Sentkiewicz sistemas activos y pasivos conviven sin ningún afán de protagonismo. Tanto las tecnologías de distribución de la energía como las soluciones bioclimáticas no son visibles y no se enfatizan: no tienen ningún valor decorativo o didascálico.

Al rechazar una visión estereotipada de la palabra sostenibilidad —que sólo puede generar lugares comunes— Ábalos + Sentkiewicz buscan una síntesis enriquecedora entre arquitectura, ciencia y compromiso social. El resultado de ese proceso es una máquina que produce paisajes, relaciones biunívocas con el entorno y con los usuarios.

En el proyecto para la Estación Intermodal de Logroño (2009), el estudio de las condiciones climáticas define todo el proceso proyectual: partiendo de estas premisas, lo que se plantea es un modelo de ciudad integrada que incluya infraestructuras, espacio público (un parque) y viviendas en un único dispositivo multicapa que sea cero emisiones y cero residuos. El parque es la cubierta del intercambiador de transportes, pero al mismo tiempo contiene los sistemas de acumulación de energía y las redes para la distribución de calor y frío. El estudio de las condiciones climáticas caracteriza también la escala arquitectónica del proyecto, no sólo la urbana: en el intercambiador, por ejemplo, se diseña una estrategia de ventilación híbrida (natural y mecánica), la cual permite controlar continuamente la calidad del aire interno y dispersar las sustancias contaminantes que vienen de los autobuses. Se utilizan, además, energías renovables (fotovoltaica y eólica) y se emplean sistemas avanzados de gestión de los residuos. En las viviendas se usan criterios pasivos de calefacción que aprovechen el máximo soleamiento y ventilación natural. Los parámetros climáticos se convierten en elementos de proyecto, al igual que los materiales empleados para la construcción. La arquitectura de Ábalos + Sentkiewicz representa parcialmente el ejemplo de una tendencia reciente que, partiendo de las premisas conceptuales descritas antes, ha producido en los últimos años un nuevo tipo de interfaz: las arquitecturas convectivas.

La preocupación por el contexto medioambiental y la incorporación de los parámetros climáticos dentro de los procesos de generación de la forma son dos aspectos de un cambio más radical, paralelo y análogo al representado por lo termodinámico: es decir, el pasaje desde lo físico a lo fisiológico. El debate en torno a la meteorología y la arquitectura ha servido también como campo de experimentación de propuestas ambiguas, situadas en los intersticios entre arquitectura, arte y performance.

Los rayos X y las imágenes térmicas han permitido ver el espacio de una forma diferente; incluso la luz —que siempre había formado parte del lenguaje de la arquitectura tradicional— va adquiriendo, a partir de los años noventa, una connotación biológica. Poco a poco se va definiendo un nuevo campo de investigación, en el que el espacio ya nos es algo vacío, una ausencia definida por paredes y techos, sino que es una masa transparente, rellenada por algún material: un material invisible a nuestros ojos, en el que nuestros cuerpos están sumergidos. Al transformarse en una suerte de epidermis, la arquitectura deja de propagar mensajes sociales o políticos y trata de producir sensaciones, estados de ánimo: es decir, experiencias.

Como señala el filósofo Gernot Böhme —cuyas reflexiones han constituido uno de los puntos de partida para el desarrollo del discurso atmosférico en este ensayo— aunque es cierto que la arquitectura modela el espacio, hay que moverse, desplazarse en estos espacios para evaluarlos. Hay que estar físicamente presentes. Cuando miramos un edificio, estudiaremos su escala, su forma, pero estas investigaciones no requieren nuestra presencia física. La experiencia decisiva tiene lugar sólo cuando participamos, a través de nuestra presencia física, del espacio creado por la arquitectura. Esta participación es una tendencia afectiva a través de la cual nuestro *mood* se vincula a la naturaleza del espacio, a su atmósfera. Según Gernot Böhme:

Al sentir nuestra presencia en un lugar, nosotros percibimos también el espacio en el que estamos presentes. Nuestra presencia, donde estamos, puede también ser entendida topológicamente como una de-

terminación de espacio. Sentimos qué tipo de espacio nos rodea. Nosotros sentimos su atmósfera.[36]

Las arquitecturas convectivas son dispositivos que producen efectos perceptivos basados en el olor, en las ondas electromagnéticas, en los niveles diferentes de humedad. El aspecto central de estas arquitecturas son las dimensiones fisiológicas y meteorológicas que estimulan las reacciones del usuario. Estudiando, por ejemplo, las características físicas del aire, las arquitecturas convectivas producen un catálogo de formas determinadas por las distintas condiciones microclimáticas que se van creando. Los fenómenos meteorológicos como convección, conducción, evaporación, radiación, se convierten en las nuevas herramientas de la composición arquitectónica. El vapor, el calor o la luz constituyen los nuevos ladrillos de la construcción contemporánea: factores de diseño de espacios. En estos dispositivos los materiales no están aislados, sino que resultan interconectados por una serie de transformaciones químicas, físicas y biológicas.

A pesar de los nuevos medios de información, y de la evidente desmaterialización impuesta por lo digital, las arquitecturas convectivas trabajan en el campo de la relación entre el cuerpo humano y sus esferas de acción. La tecnología sólo es una herramienta para controlar los distintos parámetros que confluyen en un proyecto de arquitectura, pero nunca adquieren un papel estratégico-operativo. Incluso en lo virtual hay aspectos físicos y biológicos que hay que tener en cuenta. Las arquitecturas convectivas prueban la reacción del usuario a nuevos estímulos y lo invitan a encontrar su propio equilibrio fisiológico. Pero, sobre todo, estos dispositivos meteorológicos expresan de manera clara la interdependencia entre forma, función y clima. El binomio forma-función, típico de la modernidad, se va sustituyendo por un nuevo axioma: forma y función siguen al clima. Si, normalmente, el arquitecto trata de organizar sus planos partiendo del programa establecido, las arquitecturas convectivas parten del análisis de los parámetros climáticos —temperatura, humedad, circulación del aire— para llegar a una definición espacial que permita controlar el humor, la producción de hormonas, incluso las horas de sueño del usuario.

Son los datos climáticos los que determinan la organización espacial, al igual que en muchos casos de arquitecturas vernáculas, donde lo climático resultaba ser antitético a lógicas estrictamente funcionales. En las casas tradicionales de Bagdad, por ejemplo, los cuartos no tenían una función fija, sino que esta iba cambiando dependiendo de las estaciones y de los días. El uso de la casa estaba determinado por la temperatura: por esa razón los nombres de los cuartos no estaban ligados a su función, sino a los diferentes climas. Las casas de los barrios antiguos de Bagdad se componían de una serie de espacios con temperaturas que variaban de los 30°C en el sótano a los 50°C en la cubierta. Los niveles de humedad seguían una progresión inversa y los habitantes —en función de la hora del día y de la estación— se desplazaban entre los varios niveles de la casa. Entre las distintas plantas y ámbitos se iba creando una intercambiabilidad que es precursora de muchas experimentaciones contemporáneas y que demuestra la total independencia de forma y función. Otro ejemplo de la estricta relación entre clima y forma viene de Venecia: el origen de su forma urbana y de sus *campi* no es otro que la falta de agua potable. Por eso el *campo* tenía la función de filtrar las aguas de lluvia y recogerlas en un pozo puesto en el centro de la plaza. La forma y las dimensiones de la plaza dependían entonces de la cantidad de agua que se podía recoger y del número de habitantes del área. Estos ejemplos demuestran cómo la forma y la función siguen al clima; el reto de las arquitecturas meteorológicas ahora es actualizar estas relaciones entre forma y clima y llevarlas a la actualidad de la ráctica disciplinar.

Trabajando en lo fisiológico —es decir, tratando de intervenir sobre aspectos muy concretos como la producción de melatonina, o el metabolismo— las arquitecturas convectivas desarrollan también una reflexión en torno a las dicotomías tradicionales como interior-exterior, público-privado, individual-colectivo. Las paredes ya no constituyen el elemento tectónico que separa dos ámbitos distintos, sino que son como una membrana capaz de procesar datos. Los espacios se definen a partir de coeficientes térmicos y otros parámetros climáticos y se modulan según distintas capas. En el interior de estas arquitecturas se van creando, entonces, unos paisajes térmicos a través de los cuales la distinción entre interior y exterior se hace cada vez más suave e indefinida. Los proyectos se componen de distintos niveles que dejan emerger una nueva espacialidad sensorial, igual que una epidermis entre el cuerpo y el espacio.

Uno de los primeros en explorar el potencial de una arquitectura convectiva ha sido sin duda el arquitecto suizo Philippe Rham quien, a partir de los años 2000, ha ido investigando las relaciones entre arquitectura y fisiología. Los temas desarrollados por Rahm en clave neurológica tienen un origen específico que se puede resumir en la dialéctica entre la arquitectura y sus habitantes. Todo usuario ocupa el espacio con su cuerpo: es decir con sus olores, su calor, sus gases. De esta forma, va produciendo un socio-clima que tiene consecuencias en la manera con la que la arquitectura se presenta y ofrece un cierto grado de confort. La estrategia de Rahm consiste en trabajar con estos elementos y transformarlos en materiales de proyectos capaces de plasmar nuevas configuraciones espaciales.

Después de colaborar con Jean-Gilles Décosterd, el arquitecto suizo empieza a desarrollar sus propios intereses en algunas instalaciones. Una de ellas es el Hormonorium, realizado para la Bienal de Venecia en 2002. En este proyecto se investigan las conexiones entre arquitectura y metabolismo humano; entre espacio, luz y los sistemas endocrinos del cuerpo. El Hormonorium es una propuesta para el diseño de un espacio público que se abre a lo invisible, a las determinaciones electromagnéticas y biológicas; sus características se desarrollan a partir de la comprensión de los mecanismos físico-químicos que gobiernan el organismo y de algunos aspectos climáticos: lo que se reproduce en esa instalación es un clima alpino, con sus repercusiones sobre la respiración y la dermis. El proyecto está basado en un suelo técnico, compuesto por 528 tubos fluorescentes de plexiglás que emiten una luz blanca. Esta luz reproduce el espectro solar, con rayos ultravioleta tipo A y B. Rahm va estudiando atentamente todos los efectos que este tipo de luz puede provocar en los visitantes: en primer lugar, estimular la retina, que trasmite información a la glándula pineal, la cual genera el descenso de la secreción de melatonina. Al disminuir el nivel de esta hormona en el cuerpo, el ambiente nos permite experimentar la disminución de la fatiga, un probable aumento del deseo sexual y el control de nuestro humor. El incremento del nivel de nitrógeno en el *Hormonorium* reduce el nivel de oxígeno del 21 al 14.5%, que es el que se encuentra en altitudes que rondan los tres mil metros.

Todo esto puede provocar confusión, desorientación, comportamientos extraños, pero también una ligera euforia debida a la producción de endorfina. Al cabo de unos diez minutos, hay un aumento natural de eritropoyetina, así como un refuerzo de los sistemas cardiovascular y respiratorio. Disminuir el nivel de oxígeno tiene un efecto estimulante que puede mejorar las capacidades físicas del cuerpo en un 10%. Al ser víctimas de una operación de *doping* —realizada alterando los parámetros químicos y físicos del espacio de la instalación— los visitantes cambian de comportamiento y de gestos. El Hormonorium estimula físicamente el cuerpo. Es un lugar físico-químico, un desplazamiento de una zona alpina al nivel del mar para lograr el bienestar y la salud del cuerpo mediante el control del sistema neurovegetativo.

Llevando al extremo las consecuencias de sus investigaciones y reproduciendo artificialmente una situación climática precisa, Rahm quiere comprobar cómo los parámetros climáticos pueden influir en la vida y los hábitos de los usuarios. Todos sus proyectos arquitectónicos posteriores siguen el mismo camino teórico: forma y función se subordinan al clima. Para controlar estos aspectos, Rahm colabora con especialistas mundiales procedentes de otros territorios: en el Hormonorium, con Anne Wirz-Justice, una investigadora que estudia las relaciones en-

tre luz y melatonina; en otros proyectos colabora con
Patrick Lernoine, un doctor especialista en el campo
de los efectos placebo. El trabajo del arquitecto suizo
se alimenta entonces de aportaciones ajenas y produce unos dispositivos complejos que estudian de
manera sistemática el intercambio de datos entre
hombre y arquitectura. En Rahm, la arquitectura se
transforma en una reformulación química y biológica del espacio, realizada a través de transpiración,
fotosíntesis, respiración, combustión, etc.

Sus reflexiones parten, por lo visto, de la oposición entre dos teorías: por un lado, la de la modernidad heroica, que propugnaba una arquitectura ra-
cionalista y universalista, en la que la forma deriva
de funciones claramente predefinidas, en otras palabras, la arquitectura no era más que la expresión
espacial de un programa. Por otro lado, en la década
de 1960, la de Louis Kahn y de los que criticaban la
idea de programa para afirmar que la función sigue
a la forma. Rahm retoma y reinterpreta estas dos
posiciones: podríamos decir que su mayor enemigo es el concepto de función; mejor dicho, la deriva
de esta idea en un funcionalismo rígido que ha ido
progresivamente banalizando el mensaje moderno
originario. Para Rahm, el origen de esta tendencia

viene de la residencia burguesa del siglo XIX, con la programación monofuncional de los cuartos y la introducción del corredor como elemento distribuidor/separador. Cada cuarto debía tener su función específica, hasta su especialización técnica, como en el caso de la famosa cocina de Frankfurt de 1927.

Hoy en día, según el arquitecto suizo, habitamos paisajes domésticos en los que algunas funciones empiezan a sufrir una regresión. El comedor, por ejemplo, tiende a desaparecer como espacio independiente y con ello nuevos tipos de hábitat emergen en función de nuevos modos de acontecimiento climático. La respuesta que una arquitectura meteorológica ofrece frente a ese cambio no consiste en inventar nuevas funciones; más bien significa proponer una estética desmaterializada, conectada con la dimensión fisiológica de la experiencia arquitectónica. Rahm propone poner en duda la correspondencia biunívoca entre forma y función, introduciendo como central el factor climático:

Se trata de llegar a una arquitectura libre de predeterminaciones formales y funcionales, desprogramada, abierta a los cambios meteorológicos y estacionales, a

las alternaciones del día y la noche, al paso del tiempo, a la aparición de funciones ignoradas o formas inesperadas. Trabajamos en una inversión de los métodos de proyecto tradicionales con el fin de permitir una nueva organización del espacio en la que la función y la forma podrían surgir de manera espontánea a partir del clima. Lo que nos importa es obrar con la materia del propio espacio, la densidad del aire y la intensidad de la luz, para ofrecer una arquitectura que se asemejaría a una geografía: una meteorología abierta y cambiante, con climas y calidades atmosféricas diferentes.[37]

Uno de los pioneros en los estudios del control climático en arquitectura fue sin duda Victor Olgyay. En 1963 el arquitecto húngaro publica *Design with Climate. Bioclimatic Approach to Architectural Regionalism.* Olgyay subraya cómo los efectos climáticos son fundamentales en la construcción de nuevos edificios: climatología y arquitectura contienen el comienzo y el fin del problema. Combinando los dos campos se pueden deducir unas consideraciones útiles para el diseño de edificios y construir una aproximación sistémica a una nueva metodología de trabajo. De una forma parecida, como se ha visto antes, en su libro *La arquitectura del entorno bien climatizado*, Reyner Banham iba definiendo una nueva figura de arquitecto, más cercana a la de un ingeniero climático, preanunciando al mismo tiempos los riesgos y las consecuencias económicas ligadas al consumo de energía. Si para Banham y Olgyay el arquitecto debía ser también ingeniero climático, para Philippe Rahm, el arquitecto debe ser fisiólogo. Al retomar las posiciones de Banham con respecto al uso de una nueva maquinaria —«a la hora de liberar la arquitectura de las constricciones climáticas locales, las nuevas técnicas de control medioambiental confieren *carte blanche* para la experimentación formal»—[38] Rahm explota el potencial de la tecnología y de las ciencias para construir una nueva estética ligada a una dimensión fisiológica de la experiencia arquitectónica.

A través de la tecnología, Rahm es capaz de construir un clima interior que define comportamientos y acciones. Los elementos sobre los cuales va trabajando son invisibles, prefiguran espacios aparentemente sin funciones, en los cuales desaparecen las tradicionales coordenadas cartesianas y cuyo potencial reside en la posibilidad de colonización por parte de los usuarios. Además del ya descrito Hormonorium, Philippe Rahm continúa su proceso de definición de arquitecturas convectivas en otros proyectos: Interior Weather, por ejemplo, una instalación-experimento que tuvo lugar en el Centro Canadiense de Arquitectura (CCA) en 2006. Aquí, Rahm intenta diseñar un espacio arquitectónico capaz de indicar posibles usos a partir de la interacción entre tres parámetros climáticos: temperatura (T), intensidad (lux) y humedad relativa (HR). La ecuación que va comprobando con su trabajo es T x lux x HR = forma y función. Por eso Rahm imagina dos espacios, uno destinado a la medida de las condiciones climáticas y otro utilizado para la interpretación de datos. El uso combinado de los tres parámetros permite reducir de forma notable el consumo energético; al mismo tiempo, sus posibles combinaciones sugieren también un número infinito de climas interiores. En la galería de la manipulación de datos, las informaciones se interpretan según distintos puntos de vista (social, psicológico, funcional) y, en un segundo momento, se simulan situaciones concretas, nuevas prácticas espaciales y nuevas formas arquitectónicas.

El carácter radical, a veces provocador, de sus proyectos puede llevar a imaginar que la trayectoria de Philippe Rahm se quede en una fase puramente teórica o que esté limitada exclusivamente al ámbito de pequeñas instalaciones preparadas para museos. Su aproximación esencialmente especulativa parece no encajar con una visión realista de la arquitectura. Si para el arquitecto convencional es importante ofrecer soluciones concretas y pragmáticas a determinados problemas, es cierto que Rahm va centrando su atención esencialmente en procesos de reinvención de las herramientas disciplinares. Sin embargo, tras una primera fase caracterizada por obras que eran más manifiestos programáticos que encargos profesionales, Rahm ha empezado a transferir los conocimientos y las reflexiones producidas en sus instalaciones a obras residenciales y también a proyectos de carácter urbano.

El Convective Museum (2008), propuesta del concurso para el diseño del Museo de Arte Contemporáneo de Wroclaw, Polonia, se basa en la definición de un paisaje térmico constituido por dos polos: uno —con una temperatura de 16°C— para los programas de almacenamiento; otro —con temperatura de 22°C— para las oficinas y las áreas administrativas. El nivel más frío se coloca por encima del más cálido, de modo que se genera un desequilibrio termodinámico. El resultado es la creación espontánea de niveles intermedios, una multitud de microclimas con temperaturas distintas, hacia donde los usuarios pueden desplazarse buscando sus propias condiciones de bienestar. Cada uno de estos paisajes térmicos sugiere algunas posibilidades de uso: auditórium y restaurante en las zonas de 20-21°C; *showroom* y tiendas en las zonas de 18-20°C; *lobby*, *hall* y pasillos en las zonas de 17-18°C. Al trabajar entre estos dos polos (16 y 22°C), se van produciendo no sólo distintos climas, sino distintos entornos y, entonces, distintas configuraciones espaciales. Gracias a un programa informático de control de los parámetros climáticos será posible monitorear en cada momento las características térmicas de los espacios y sus posibles variaciones. Detectar y manipular los flujos de aire, cartografiar los movimientos de las personas dentro del edificio: la arquitectura del museo se convierte en un mapa heterogéneo constituido por distintas capas entrelazadas una con la otra. En otras palabras, lo que Rahm propone en Wroclaw es una arquitectura convectiva que sustituye la noción de programa por la de paisaje térmico.

Dos años más tarde, Rahm se enfrenta con una nueva tipología: la vivienda. En sus Apartamentos Convectivos (2010), en Hamburgo, el punto de partida es que, dependiendo de las distintas actividades en el interior de un apartamento y de los vestidos utilizados, la temperatura de una vivienda no tiene que ser constante en todos los cuartos. La estrategia operativa planteada en esta propuesta es parecida a la de Wroclaw. Al estudiar las distintas exigencias y las diferencias de temperatura entre suelo y techo, Rahm define varias áreas térmicas: una zona con temperatura de 16°C para los dormitorios y los baños; una zona a 18°C para la cocina y otra con temperatura de 20°C para el *living*, donde se suele estar en un sofá sin moverse. Esa diferenciación térmica también permite optimizar el uso de energía y sus costes. Al igual que en el Convective Museum de Wroclaw, el usuario se mueve en el interior de la casa buscando su propia dimensión ideal, según las estaciones o el momento del día, encontrando un paisaje diversificado constituido por distintas temperaturas.

Todo el proyecto se basa en manipular la calidad del aire desde que llega del exterior: el primer paso es depurarlo de la contaminación atmosférica y del polvo, gracias al uso de vegetación y árboles en el lado sur de la vivienda. Una vez en el interior, el aire entra en un depósito vertical que permite la ventilación de los apartamentos. En cada momento unos sensores colocados en el edificio permiten controlar la temperatura del aire. En los Apartamentos Convectivos, un software calcula exactamente la cantidad de aire que cada apartamento necesita en relación con el número de personas que viven dentro. En principio se ha calculado que cada persona necesita 20 m^3 de aire limpio por hora. En el interior del edificio todos los materiales empleados están pensados para controlar parámetros climáticos: por ejemplo, los tres estratos de vidrios de la fachada proveen distintos coeficientes térmicos y la madera utilizada para las camas sirve para absorber el exceso de humedad producido durante la noche. Para Rahm es importante recalcar que:

La verdadera esencia de la arquitectura no son las paredes, lo sólido, sino lo que hay entre ellas, la visión, el espacio, la masa de aire y luz a la que la arquitectura cualifica con una escala, temperatura, luminosidad e higrometría para que nosotros la habitemos.[39]

Al fin y al cabo, el conjunto de requisitos climáticos que el edificio trata de manejar produce no sólo nuevas configuraciones espaciales o soluciones técnicas, sino que sugiere nuevos estilos de vida compatibles con una mirada más responsable hacia los temas del medio ambiente. Por último, resulta interesante destacar cómo muchas de estas aportaciones son transferibles también a contextos más complejos y articulados. Es el caso de los recientes proyectos urbanos de Rahm y de sus investigaciones paisajísticas. El Taichung Jade Eco Park es un concurso ganado en 2013 en Taiwán que trata de definir espacialmente un parque urbano de setenta hectáreas partiendo de las diferencias climáticas y de la formación de distintos paisajes térmicos, al igual que una vivienda o un objeto arquitectónico puntual. En efecto, la estructura del parque se define según tres mapas distintos: un mapa de la temperatura, un mapa de las variaciones de humedad y un mapa de los niveles de contaminación del aire. La intersección de estos tres distintos mapas produce atmósferas distintas, una multitud de microclimas con características peculiares. Para controlar un ámbito de intervención tan extenso, la propuesta de Rahm va definiendo un inventario de opciones basado en gradientes: cada microclima está mapeado y monitoreado continuamente y puede ser modificado cambiando las características de aire, humedad y contaminación. La herramienta principal para efectuar estos cambios es sin duda la vegetación: si en los proyectos arquitectónicos de Rahm es la tecnología la que permite la modificación de los parámetros climáticos, en el parque este papel lo desempeñan distintas especies vegetales, escogidas por su capacidad de absorber la contaminación, reducir la radiación solar y deshumidificar el entorno. Estos dispositivos climáticos permiten la definición de distintas atmósferas que estimulan la participación sensorial del visitante; de alguna forma tienen la misma función que tenían fuentes, bancos, sillas e iluminación para definir los ámbitos de un parque tradicional. Al mismo tiempo, los distintos microclimas acomodan funciones concretas como edificios, áreas para el deporte, zonas de juego, etc. En el Taichung Jade Eco Park, Rahm demuestra cómo es posible, incluso a una escala urbana, vincular los parámetros climáticos a los campos humanos de recepción (cutáneos olfativos, hormonales) y transformar la arquitectura en una disciplina que trabaja con lo invisible [Fig. 2].

Atmósferas meteorológicas, paisajes termales, arquitecturas convectivas: todas estas clasificaciones describen inquietudes y aproximaciones precisas pero, sobre todo, expresan una condición compartida: frente a los procesos de desmaterialización de la forma que hemos ido describiendo a lo largo de este ensayo, el rol de la arquitectura y del arquitecto han ido cambiando profundamente. En los años sesenta para muchos de los grupos radicales presentados antes, el arquitecto ya no tenía por qué existir; en tiempos recientes, para algunos el arquitecto debe ser un facilitador, un negociador entre instancias diferentes; para otros, el arquitecto debe ser topógrafo, botánico y analista a la vez.

Queda claro que el tradicional papel del arquitecto, confinado en su refugio dorado hecho de intuiciones y creaciones espaciales, ya no es útil. Consecuentemente, hasta las categorías tradicionales como interior-exterior, público-privado, colectivo-individual, se han transformado en relaciones líquidas de las cuales emerge un mundo aleatorio, íntimo e interconectado a la vez. Las aportaciones de Philippe Rahm están enfocadas a la descripción de entornos físico-químicos capaces de producir determinadas reacciones en el cuerpo humano. Para

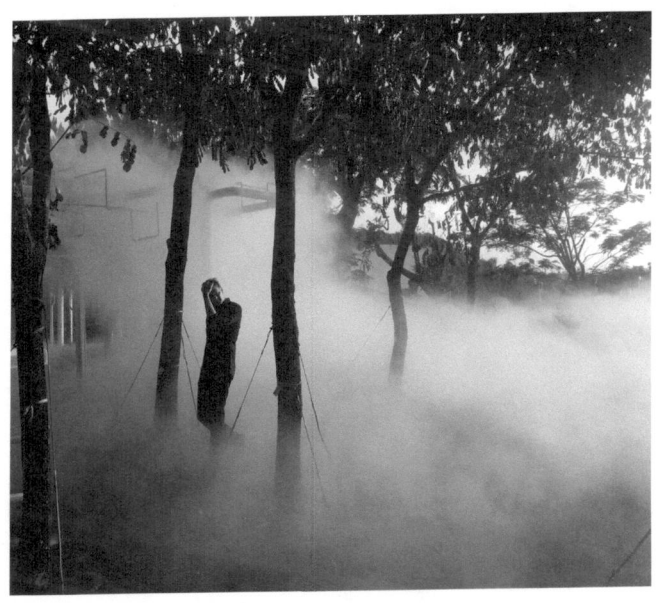

[2] Philippe Rahm en Jade Eco Park,
Taichung, Taiwán, 2018.

hacer esto, el arquitecto se convierte en un fisiólogo, que usa el control del sistema neurovegetativo para definir nuevas configuraciones espaciales. Al mismo tiempo, los usuarios representan herramientas ecológicas, potenciales agentes de cambios sociales a través del activismo cívico y la participación en los procesos de diseño.

Evoluciones

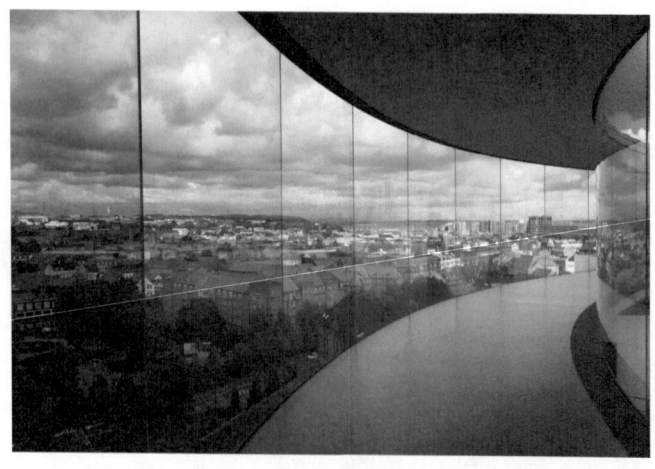

[1] Studio Olafur Eliasson, *Your Rainbow Panorama*,
Aarhus, Dinamarca, 2011.

Al describir algunas manifestaciones contemporáneas, este breve ensayo ha intentado detectar una serie de direcciones que han ido caracterizando recientemente tanto la producción arquitectónica como su discurso teórico. Para hacer esto, se ha utilizado una categoría interpretativa general, un marco de referencia capaz de construir analogías y subrayar diferencias: la de interfaz. Interfaz entendida como denominador común, condición intrínseca a la arquitectura contemporánea que se va definiendo por la hibridación de los lenguajes y de las tecnologías empleadas.

Dentro de este marco, las máquinas de la percepción y las arquitecturas convectivas representan dos de los casos más emblemáticos. Por un lado, en sus premisas conceptuales y culturales, esas arquitecturas son el resultado de una nueva conciencia ecológica cuyo origen se encuentra en la crisis energética de 1973. Este largo proceso ha permitido una revisión general de las herramientas proyectuales y la gradual definición de la que será llamada arquitectura termodinámica: una arquitectura energética, bioclimática, o de la entropía, basada en la rehabilitación y la adaptación de soportes.

Por otro lado, estas arquitecturas se han hecho paisaje, en el sentido de buscar límites cada vez más abiertos, indefinidos y complejos. Pero también en el sentido de una revisión crítica del carácter cultural/artificial de la naturaleza. En ellas el proceso de diseño adquiere una centralidad tanto operativa como ideológica: las arquitecturas de la percepción organizan sistemas complejos de movimiento e intercambio; funcionan igual que ecologías artificiales, dirigiendo los flujos de energía y recursos de un lugar. Más que el resultado de una cultura estructuralista, estas arquitecturas —a través de múltiples procesos de desterritorialización— se acercan a la idea de rizoma: es decir, describen un mundo diversificado, conectado, sin jerarquía.

Hoy en día algunas de las cuestiones planteadas por primera vez en los años setenta adquieren una urgencia y un dramatismo aún mayor. El cambio climático, la necesidad de optimizar recursos y de reducir gastos, el deseo de mejorar la eficiencia energética de los edificios, etc.: todo esto implica nuevos retos y nuevas estrategias proyectuales. En los últimos años, en oposición a la retórica sobre paisajes, flujos, campos de fuerzas, y soportes abiertos, el debate arquitectónico se ha ido interrogando sobre cuáles son las formas y los métodos que mejor puedan responder a esos retos; si queremos reducir la complejidad de estas discusiones a simples *slogans*, podríamos decir que, gradualmente, un retorno a la idea de arquitectura como objeto se está difundiendo. Objeto arquitectónico entendido no como entidad autónoma y abstracta, resultado de procesos internos de generación, y desconectado de cualquier vínculo con el contexto sino objeto como ensamblaje, uno y múltiplo a la vez, compuesto por capas estratificadas dentro de una imagen unitaria. Véanse, por ejemplo, aquellas arquitecturas recientes que trabajan sobre procesos de reuso y rehabilitación, donde antiguo y nuevo coexisten en el mismo organismo arquitectónico y contribuyen a su complejidad espacial —los proyectos de arquitectos como Flores i Prats o Harchitectes pertenecen a esta lógica—.

Ya veremos cómo y si la arquitectura del futuro será capaz de enfrentar los problemas y las posibilidades que caracterizan nuestras sociedades. De momento, a pesar de esas nuevas tendencias, lo que tanto las máquinas de la percepción como las arquitecturas convectivas nos dicen es que, ya se acerquen más a la idea de objeto o a la de paisaje, ellas se presentan como interfaz, un medio que permite al usuario relacionarse e intercambiar estímulos con el entorno de una forma activa, participativa [Fig. 1].

Notas

1   GISSEN, David. Introduction. *AD: Territory, Architecture Beyond Environment*, vol. 80, n. 3, pp. 8-13.

2   VIRILIO, Paul. *Estética de la desaparición*. Barcelona: Editorial Anagrama, 1988.

3   ITO, Toyo. *Escritos*. Murcia: Colegio Arquitectos de Murcia, 2000, p. 130.

4   LATOUR, Bruno. *Nunca fuimos modernos. Ensayo de antropología simétrica*. Buenos Aires: Siglo Veintiuno Editores, 2007.

5   ALLEN, Stan. 'Field Conditions'. *Points + Lines*. New York: Princeton Architectural Press, 1999.

6   ALLEN, Stan. *Landform Building*. Zurich: Lars Muller Publishers, 2011.

7   KOOLHAAS, Rem y MAU, Bruce. *S, M, L, XL*. New York: The Monacelli Press, 1995.

8   ALBERS, Josef. *La interacción del color*. Madrid: Alianza Editorial, 2007, p. 17.

9   PERNIOLA, Mario. *L'Estetica del Novecento*. Bologna: Il Mulino, 1997.

10 BÖHME, Gernot. *Atmosfere, Estasi, Messe in Scena. L'Estetica come Teoria Generale della Percezione.* Roma: Marinotti, 2010, p. 86.

11 *Ibidem*, p.83.

12 BOLLNOW, Otto Friedrich. *Hombre y espacio.* Barcelona: Editorial Labor, 1969.

13 BENJAMIN, Walter. *La obra de arte en la era de su reproductibilidad técnica.* Madrid: Alianza Editorial, 2021.

14 BENJAMIN, Walter. 'La obra de arte en la época de su reproductibilidad técnica'. *Obras,* libro II/vol. 2. Madrid: Abada Editores, 2008, p. 16.

15 MERLEAU-PONTY, Maurice. *Fenomenologia della Percezione.* Milano: Bompiani, 2003, p. 183.

16 PALLASMAA, Juhani. *Los ojos de la piel. La arquitectura y los sentidos.* Barcelona: Gustavo Gili, 2006, p. 64.

17 «In effect, we are witnessing a paradoxical phenomenon in which the opacity of construction materials is virtually being eliminated. With the emergence of portative structures, curtain walls made of light and transparent materials (glass, plastics) are replacing the stone facade at the same time that the tracing paper, acetate and plexiglass used in project studies are replacing the opacity of paper. On the other hand, with the screen interface (computers, television, teleconferencing) the surface of inscription —until now devoid of depth— comes into existence as 'distance', as a depth of field of a new representation, a visibility without direct confron-

tation, without a face-a-face, in which the old vis-a- vis of streets and avenues is effaced and disappears». VIRILIO, Paul y HAYS, Michael (ed.). 'The Overexposed City'. *Architecture Theory since 1968*. Cambrdige: MIT Press, 1998, p. 543-44.

18 ITO, Toyo. *Op. cit.,* 2000, p. 115-140.

19 SLOTERDIJK, Peter. *Esferas III. Espumas. Esferología plural*. Madrid: Siruela, 2018, p. 76.

20 LATOUR, Bruno y MAY, Susan (ed.). 'Atmosphere, Atmosphere'. *Olafur Eliasson: The Weather Project*. London: Tate Modern, 2003, p. 41.

21 Para una comprensión general de la obra del filósofo alemán, véanse:
SLOTERDIJK, Peter. *Esferas I. Burbujas. Microesferología*. Madrid: Siruela, 2017.
SLOTERDIJK, Peter. *Esferas II. Globos. Macroesferología*. Madrid: Siruela, 2018.
SLOTERDIJK, Peter. *Esferas III. Espumas. Esferología plural*. Madrid: Siruela, 2018.

22 DEBRAY, Régis. *Vida y muerte de la imagen. Historia de la mirada en Occidente*. Barcelona: Editorial Paidós, 1994, pp. 175-202.

23 Sloterdijk introduce este concepto en *Esferas I* al hablar de la primera esfera en que estamos inmersos: la de la madre. SLOTERDIJK. *Op. cit.,* 2017.

24 MCLUHAN, Marshall. *Comprender los medios de comunicación: las extensiones del ser humano*. Barcelona: Editorial Paidós, 1996.

25 MERLEAU-PONTY, Maurice. *El mundo de la percepción. Siete conferencias*. Buenos Aires: Fondo de Cultura Económica S.A., 2003.

26 ITO, Toyo. *Op. cit.*, p. 118-119.

27 BANHAM, Reyner. The Architecture of the Well-Tempered Environment. Chicago: University of Chicago Press, 1969.

28 Le Corbusier introduce el concepto de respiración exacta en su libro *La Ville Radieuse*. Boulogne: Editions de l'Architecture D'aujourd'hui, 1935.

29 SEMPER, Gottfried. 'Der Stil in den technischen und tektonischen Künsten, oder Praktische Äesthetik'. *Ein Handbuch für Techniker, Künstler, und Kunstfreunde*, vol. 2. Frankfurt: Verlage für Kunst und Wissenschaft, 1863, p.231.

30 Para una comprensión general de la obra de Haus-Rucker-Co., veáse ORTNER, Laurids y ORTNER Manfred. *Haus-Rucker-Co: Drawings and Objects 1969-1989*. Colonia: Walther König, 2019.

31 GARGIANI, Roberto y LAMPARIELLO, Beatrice. *Superstudio*. Bari: Laterza, 2010, p. 76-77.

32 INCERTI, Guido; RICCHI, Daria y SIMPSON, Deane. *Diller+Scofidio (+ Renfro). Architetture in Dissolvenza*. Milano: Skira, 2011, p. 124.

33 ISOZAKI, Arata. *Arata Isozaki: Process, Genesis, Atlas, Trans, Isle, Flux*. London: Phaidon, 2009, p. 197.

34 KWINTER, Sanford. 'High Altitude, Low Opening (H.A.L.O)'. *Aerocene* [en línea]. Disponible en: https://aerocene.org/newspaper-kwinter/

35 FORTY, Adrian; GALISON, Peter y THOMPSON, Emily (eds.). 'Spatial Mechanics: Scientific Metaphors in Architecture'. *The Architecture of Science*. Cambridge: The MIT Press, 1999, pp. 213-231.

36 BÖHME, Gernot. *Atmosfere, Estasi, Messe in Scena. L'Estetica come Teoria Generale della Percezione*. Milano: Marinotti, 2010, p. 85.

37 BORASI, Giovanna; CLÉMENT, Gilles; RAHM, Philippe (eds.). *Environ(ne)ment. Approaches for Tomorrow*. Milano: Skira, 2007, pp. 154-155.

38 BANHAM, Reyner. *The Architecture of the Well-Tempered Environment*. Chicago: University of Chicago Press, 1969, p. 239.

39 PEÑALVER, Adrián. 'Entrevista con Philippe Rahm'. *CYAN* [en línea]. Disponible en: http://www.cyanmag.com/arquitectura/philippe-rahm-los-arquitectos-han-perdido-la-especificidad-del-lenguaje-arquitectonico/

Bibliografía

ALBERS, Josef. *La interacción del color*. Madrid: Alianza Editorial, 2007.

ALLEN, Stan. *Points + Lines: Diagrams and Projects for the City*. Nueva York: Princeton Architectural Press, 1999.

ALLEN, Stan. *Landform Building*. Zurich: Lars Muller Publishers, 2011.

ALLEN, Stan. *Practice: Architecture, Technique + Representation*. Nueva York: Routledge, 2009.

AURELI, Pier Vittorio. *The Possibility of an Absolute Architecture*. Cambridge: MIT Press, 2011.

AURELI, Pier Vittorio. *The Project of Autonomy. Politics and Architecture within and against Capitalism*. Nueva York: Princeton Architectural Press, 2012.

BACHELARD, Gaston. *The Poetics of Space*. Boston: Beacon Press, 1994.

BANAHM, Reyner. *The Architecture of the Well-Tempered Environment*. Chicago: The University of Chicago Press, 1969.

BAUDRILLARD, Jean. *Il Sistema degli Oggetti*. Milán: Bompiani, 2003.

BEHRINGER, Wolfgang. *Storia Culturale del Clima: Dall'Era Glaciale al Riscaldamento Globale*. Torino: Bollati Boringhieri, 2013.

BENJAMIN, Walter. *La obra de arte en la era de su reproductibilidad técnica*. Madrid: Alianza Editorial, 2021.

BÖHME, Gernot. *Atmosfere, Estasi, Messe in scena. L'Estetica come Teoria Generale della Percezione*. Milán: Marinotti, 2010.

BOLLNOW, Otto Friedrich. *Hombre y Espacio*. Barcelona: Editorial Labor, 1969.

BORASI, Giovanna; CLÉMENT, Gilles; RAHM, Philippe. *Environ(ne)ment. Approaches for Tomorrow*. Milán: Skira, 2007.

CERTEAU, Michel de. *L'Invenzione del Quotidiano*. Roma: Edizioni Lavoro, 2010.

COHEN, Jean-Louis. *The Future of Architecture. Since 1889*. Londres: Phaidon, 2012.

DEBRAY, Régis. *Vida y muerte de la imagen. Historia de la mirada en occidente*. Barcelona: Editorial Paidós, 1994.

DELEUZE, Gilles. *Cos'è un Dispositivo*. Napolés: Cronopio Edizioni, 1998.

DELLA CASA, Francesco. *The Rolex Learning Center*. Lausana: EPFL Press, 2010.

DILLER + SCOFIDIO. *Blur: The Making of Nothing*. Nueva York: Abrams Boks, 2002.

GARCÍA-GERMÁN, Javier. *De lo mecánico a lo termodinámico: por una definición energética de la arquitectura y del territorio.* Barcelona: Gustavo Gili, 2010.

GARGIANI, Roberto; LAMPARIELLO, Beatrice. *Superstudio.* Bari: Laterza, 2010.

GISSEN, David. «Introduction». *AD: Territory. Architecture Beyond Environment,* vol. 80, n. 3. Londres: John Wiley & Sons, 2010.

GRIFFERO, Tonino. *Atmosferologia. Estetica degli Spazi Emozionali.* Bari: Laterza, 2010.

HARVEY, David. *La Crisi della Modernità.* Milán: Il Saggiatore, 2010.

HAYS, Michael. *Architecture Theory since 1968.* Cambridge: MIT Press, 2000.

HUGHES, Thomas P. *Human Built World. How to Think about Technology and Culture.* Chicago: University of Chicago Press, 2004.

IDENBURG, Florian. *The SANAA Studios 2006-2008: Learning from Japan.* Zurich: Lars Muller Publishers, 2010.

INCERTI, Guido; RICCHI, Daria; SIMPSON, Deane. *Diller+Scofidio (+ Renfro). Architetture In Dissolvenza.* Milán: Skira, 2011.

ISOZAKI, Arata. *Arata Isozaki: Process, Genesis, Atlas, Trans, Isle, Flux.* Londres: Phaidon, 2009.

ITO, Toyo. *Escritos, colección de arquitectura,* n. 41. Murcia: Cajamurcia, 2000.

ITO, Toyo. *Tarzans in the Media Forest*. Londres: AA Publications, 2011.

KOOLHAAS, Rem; MAU, Bruce. *S, M, L, XL*.
Nueva York: The Monacelli Press, 1995.

KWINTER, Sanford. *Far from Equilibrium: Essay on Technology and Design Culture*. Barcelona: Actar, 2008.

KWINTER, Sanford. *Requiem: For the City at the End of the Millennium*. Barcelona: Actar, 2010.

LATOUR, Bruno. *La esperanza de pandora. Ensayos sobre la realidad de los estudios de la ciencia*. Barcelona: Gedisa, 2001.

LATOUR, Bruno. *Nunca fuimos modernos. Ensayo de antropología simétrica*. Buenos Aires: Siglo Veintiuno Editores, 2007.

LEFEBVRE, Henri. *The Production of Space*.
Londres: Wiley-Blackwell, 1992.

MARTIN, Reinhold. *Utopia's Ghost: Architecture and Postmodernism, Again*. Minneapolis: University of Minnesota Press, 2010.

MAY, Susan; ELIASSON, Olafur. *The Weather Project*.
Londres: Tate Publisher, 2003.

MCLUHAN, Marshall. *Comprender los medios de comunicación: las extensiones del ser humano*. Barcelona: Editorial Paidós, 1996.

MERLEAU-PONTY, Maurice. *El mundo de la percepción. Siete conferencias*. Buenos Aires: Fondo de Cultura Económica S.A., 2003.

185

MERLEAU-PONTY, Maurice. *Fenomenologia della Percezione*.
Milán: Bompiani, 2003.

MONTANER, Josep María. *Sistemas arquitectónicos contemporáneos*.
Barcelona: Gustavo Gili, 2009.

MOUSSAVI, Farshid. *The Function of Form*.
Nueva York: Actar, Harvard Graduate School of Design, 2009.

ORTNER, Laurids; ORTNER Manfred. *Haus-Rucker-Co:
Drawings and Objects 1969-1989*. Colonia: Walther König, 2019.

OSHIMA, Ken Tadashi. *Arata Isozaki*. Londres: Phaidon, 2009.

PALLASMAA, Juhani. *Los ojos de la piel. La arquitectura y los sentidos*.
Barcelona: Gustavo Gili, 2006.

PERNIOLA, Mario. *L'Estetica del Novecento*. Bolonia: Il Mulino, 1997.

REISER, Jesse; UMEMOTO, Nanako. *Atlas of Novel Tectonics*.
Nueva York: Princeton Architectural Press 2006.

ROOSEGAARDE, Daan. *Interactive Landscapes*.
Róterdam: NAi Publishers, 2010.

RORTY, Richard. *La Filosofia dopo la Filosofia*. Bari: Laterza, 2001.

SCOTT, Felicity. *Architecture or Techno.Utopia. Politics after Modernism*.
Cambridge: MIT Press, 2010.

SLOTERDIJK, Peter. *Esferas I. Burbujas. Microesferología*. Madrid: Siruela, 2017.

SLOTERDIJK, Peter. *Esferas II. Globos. Macroesferología*. Madrid: Siruela, 2018.

SLOTERDIJK, Peter. *Esferas III. Espumas. Esferología plural*. Madrid: Siruela, 2018.

SLOTERDIJK, Peter. *L'Ultima Sfera. Breve Storia filosofica della Globalizzazione*. Roma: Carocci, 2008.

SOLÀ MORALES, Ignasi. *Diferencias. Topografías de la arquitectura contemporánea*. Barcelona: Gustavo Gili, 2003.

TEYSSOT, Georges. *A Topology of Everyday Constellations*. Cambridge: MIT Press, 2013.

VIRILIO, Paul. *Estética de la Desaparición*. Barcelona: Editorial Anagrama, 1988.

ZUMTHOR, Peter. *Atmosfere. Ambienti Architettonici. Le Cose che ci Circondano*. Milán: Electa, 2007.

Este libro se terminó de imprimir
en Madrid, en marzo de 2024